현대 목회자를 위한

목회비전과 교회행정

Pastoral Vision and Church Administration

현대 목회자를 위한

목회비전과 교회행정

Pastoral Vision and Church Administration

천무엽 지음

열린출판사

목차

제2장 교회와 비전

제3장 비전의 설계

저자 서문

필자는 그동안 40여년 목회현장에서 복음 선포와 사랑의 사역을 펼쳐왔습니다. 하나님이 주신 거룩한 소명을 성실히 수행하기 위해 나름대로 최선을 다했지만 부족한 능력과 정보로 목회와 사역에 어려움도 없지 않았습니다. 부족한 역량을 해소하기 위해 기도와 함께 꾸준한 학습을 통해 주님이 맡겨준 신앙공동체가 건강하게 성장하고 복음 전파의 전진기지로서 그 사명을 다하고자 노력해 왔습니다.

그 과정에서 가장 많이 고민하고 연구한 것이 바로 목회의 진정한 비전과 그것을 이루기 위한 구체적인 전략과 수행능력이었습니다. 그것은 바로 비전을 미션으로 수행하는 동안 반드시 거쳐야 할 경영 의식과 행정 지식의 필요성이었습니다. 무조건 기도, 무조건 열정으로 건강한 교회를 이룰 수 없습니다. 교회행정은 목회비전을 더욱 구체화하고 극대화하는데 반드시 필요한 과정이자 도구임을 깨닫게 되었습니다.

이에 필자는 그동안 신학대학원과 사회복지대학원 등에서 연구한 목회비전과 교회행정을 정리하여 동료 및 후배 목회자에게 작은 도움을 주고자 이 책을 준비하였습니다. 강의 현장에서 교육해 온 강의 자료와 필자의 신학 자료를 알기 쉽게 요약 정리하여 내놓게 되었습니다. 바라기는 독자들에게 목회행정의 개념의 이해를 통해 목회 비전의 실천방향을 세우는 계기가 되기를 바랍니다.

2021년 가을

검암동 서재에서 천무엽

프롤로그 prologue

교회행정학의 역사에 대해 조동진의『현대교회 행정학』에 의하면 1612년경에 프랑스의 한 신부가 처음으로 교회행정학을 사용했다. 그 이후 기독국가들이 행정학에 대한 관심을 보이기 시작하여 미국은 1952년에 처음 몇몇 신학교에서 특강을 개설했다. 그 후 많은 진통을 겪고 모든 신학교에서 교회 행정학이 정규 과목으로 채택되었다.

우리나라에서는 1960년 초에서야 비로소 신학교에서 교회행정학이 강의되기 시작했다. 그러나 목회자들 중 신령하다고 하는 분 가운데 행정이란 세속적인 것. 다시 말하면 신령하지 못한 것이라 치부하고 영적인 목회자는 행정보다 말씀과 기도에 전념하거나 심방에 전념해야 한다고 하며 교회행정을 배격하거나 무시하는 사람도 있었다. 이것은 오해이다. 예수님께서도 복음을 전할 때 ① 기도하시고 사람을 부르셔서 사도로 삼으시고(인사) ② 가르치시고(훈련 - 교육) ③ 짝을 지어 전도와 기도를 하게 하셨다.(복음 전파 - 심방 - 기도) 그러므로 교회 행정은 하나님께서 교회를 통해 그분의 꿈(비전)을 계획하시고 이루는 도구라는 것을 알아야 한다.

하나님은 교회의 5가지 사역인 ①예배(λειτουϱγια) ②전도(κεϱυγμα) ③교육(παιδεύω) ④친교(κοινωνια) ⑤봉사(διακονια)를 통해 하나님의 뜻을 성취하는데 행정은 교회의 모든 가용한 자원들을 사용하여 능률적이고 효과적으로 이루도록 돕는 도구가 교회행정이라 한다.

제1장

교회

1. 교회

1) 교회의 정의

① 구약(히브리어)에서 교회는 어원상 “카할”(Quhal)과 “에다”(Edhah)로 표현되어 있다. “카할”은 “부르다”(to call), “모이다”(congregate)라는 뜻을 가지고 있으며 “에다”는 “회중”(Congregation), “무리”(Company)라는 뜻을 가지고 있다.

② 신약(헬라어)에서는 “에클레시아”(ἐκκλεσία)와 “쉬나고게(συναγωγη)가 사용되어 있다.

“에클레시아”는 “불러내다”(to call out)라는 뜻을 가지고 있으며, “쉬나고게”는 “모임”, “유대 회중”을 의미한다.

즉 교회란, 만민 중에서 불려내어 택함받은 하나님의 백성들로 구성된 영적 유기체(Organism)로서, 하나님의 집, 그리스도의 몸, 성령의 전으로 불리운다(벧전 2:9, 딤전 3:15, 엡 1:23, 롬 12:5, 고전 3:16). 이것을 교회의 신적 실재(Divine entity)라고 한다.

교회건물을 가리켜서 교회라고 말하는 경우가 있으나, 엄격하게 말하면 교회 건물은 하나님이 택하신 백성들이 모이기 위한 장소일 뿐 성경이 말하는 교회가 아니다. 교회는 하나님이 택하신 백성들 그 자체이다. 예수 그리스도께서 머리요, 살아있는 몸으로써 지체인 성도들과 유기체를 이루는 것이 교회이다(고전 12:12-31). 그러므로 바울은 교회를 사람의 몸으로 비유했다.

③ 동시에 교회는 하나의 조직체 (Organization)로서, 영적 집단인 동시에 부족한 인간들의 집단이다. 따라서 교회에는 강함과 약함이 병존한다. 그런면에서 교회는 추상적이고 이상적인 공동체일 뿐 아니라, 살과 피를 가진 구체적 인간들의 집합체로서, 세상의 조직체들과 조금도 다름이 없는 제도로서, 질서(姪壻)와 체제(體制)를 필요로 하는 조직체(組織體)이다.

④ 교회는 유기체이므로 조직체가 아니라고 한다. 그러나 교회는 이미 지적한 바와 같이 신적 실재인 동시에 인적 실재이다. 교회가 유기체라 하더라도 현실은 아직 성화되지 못한 불완전한 인간들의 집단이요 조직체이다.

⑤ 주님께서는 이 세상에서의 복음전파(선교)를 위하여 "교회"를 세우셨다. 그리고 교회에는 인적 자원(Man)과 물적 자원(Material) 그리고 재정적 자원(Money)이 있으며, 따라서 교회의 목적(선교)을 달성하기 위하여 이들 자원을 가장 현명하게 효율적으로 관리하는 "교회행정"이 필요하다.

2) 성경적인 바른 교회관

1990년대 중반 이후로 사역자들 사이에 중심 대화는 포스트모던 사회를 섬기고 있는 젊은 세대를 어떻게 구원하느냐 하는 것이 과제이다. 오늘날 미국과 유럽에 여러 나라들이 좀 더 성숙하고 효과적인 선교 운동이 무엇이냐? 라는 질문을 끊임없이 하면서 선교정책에 대한 물음을 계속하고 있다. 이는 해외선교뿐만 아니라 국내선교에 있어서도 심각한 질문이 아닐 수 없다.

교회성장 연구가인 조지 바나(Georre Barna)는 미국에 많은 수의 사람들이 교회에 나가지 않는다고 말했다. 그는 1992년에는 인구의 21%였던 것이 오늘날은 33%에 이르는 사람들이 교회를 나가지 않고 있다고 말하면서 "만일 교회를 나가지 않는 사람들을 대상으로 따로 국가를 세운다면 아마 세계에서 열한 번째로 인구가 많은 나라가 될 것이다"라고 했다.

현대 한국사회에도 1970년 이후 급성장한 교회들이 현대에 와서 현저하게 교회출석률이 줄고 복음에 대한 열정이 식어지며 교회부흥을 말하는 교회들마다 수평 이동되고 있다고 말 하고 있다.

이런 관점에서 주님의 지상명령에 대한 우리의 선교정책을 다시한 번 초기선교사들을 통하여서 지혜를 구하는 것이 좋을 것이다.

초기에 잘 훈련된 타문화권 개척선교사들에 대표자였던 레슬린 뉴비긴, 허드신 테일러, 롤랜드 앨런 등에 선교사들은 우리가 교회의 문화를 넘어서 우리 주위를 둘러싸고 있는 막강한 문화를 수용하도록 돕는 일에 지혜를 준다고 생각한다. 그들은 복음전도에 있어서 그 중심되는 복음, 문화, 교회 사이의 분명한 차이를 가지고 선교전략을 세웠다.

그 내용은

첫째로 , 예수 그리스도의 복음은 성경의 핵심이다. 복음이란 우리 모두 잘 알고 있는 것처럼 죄인들을 구원하기 위하여 예수의 십자가의 죽으심, 장사, 부활로 구성된다고 바울은 말했다(고전 15;1-8)

둘째로, 이 시대에는 여러 종류의 사람들이 각각 다른 다양한 문화속에서 살고 있다. 고대에는 유대인과 이방인이 함께 살았다면 현대에는 도시와 농어촌 동성애자와 이성애자, 예술가와 농부, 체육인등이 함께 살고 있다. 이런 것이 우리의 삶의 문화를 형성하고 있으며 우리는 이 문화를 바꾸는데 있어 복음을 전하므로 변화될 수 있다고 믿는다.

셋째로, 우리는 믿음안에 사랑의 공동체를 이루고 있는 하나님 백성들의 모임, 즉 교회를 가지고 있다. 그러나 여기에는 그리스도인이 아닌 사람들도 포함되어 있다(마 13:24-30). 그러나 하나님의 백성들은 신실하게 복음을 가지고 교회안에 변화되지 않은 문화와 사회 속에 관여하면서 자신들의 삶의 변화를 복음에 능력을 통하여 체험하게 된다.

초기 선교사들은 그리스도인들과 교회를 향하여 복음을 생활화하고 전하며, 복음의 진리를 세속과 타협하지 않으므로 복음의 능력을 교회라는 장벽 안에 감추지 말라고 호소한 소리를 오늘 우리도 들어야 한다. 또한 우리의 선교전략에 목표로 삼고 계속해서 복음의 능력이 사회속에 지배적인 문화들과 교회 내 이교적 문화를 개혁하는데 힘을 모아야 할 것이다.

따라서 현대 목회자들은 우리를 은혜로 구원하시고 우리를 선교지로 보내시는 예수님에 지상명령으로 돌아가는 것이다.

예수님은 우리를 1) 복음으로(주님을 사랑하라), 2) 문화로(우리 이웃을 사랑하라), 3) 교회로(형제자매를 사랑하라)부르셨다. 그러나 우리 교회들이 그 임무 수행에 실패한 이유는 다양한 교회 전통들이 이 세 가지 부르심 가운데 단지 한 두가지에만 충실했기 때문 이다. 우리가 주님과 이웃과 형제자매를 동시에 사랑하지 못할 때 우리의 사역은 세 가지 함정에 빠져들게 된다. 즉 1) 선교단체 , 2) 자유주의 , 3) 근본주의 가운데 하나로 빠지게 된다.

복음 + 문화 - 교회 = 선교단체

첫째로, 선교단체란 무엇인가?

많은 그리스도인이 교회안에서 복음을 체험하고 좌절을 느낀 나머지 교회와는 별도로 복음을 들고 문화 속으로 들어간다. 이것을 보통 선교단체라고 하는데(OM, OMF, JOY, UBF, C.C.C 등) 이런 사역자들이 복음 전파에 성공하는 주된 이유는 그들이 대부분 문화와 관계하며 사람들을 사랑하기 때문이다. 교회는 대개 이런 것과는 상관없는 문화 속에서 사역한다. 그러나 교회 밖의 이런 사역들이 종국에 실패하는 이유는 그들이 교회와 연결되지 않고 불신자들에게 예수를 연결하기는 하지만 나머지 예수의 사람들(교회 성도들)과 연결하지 못하기 때문이다. 이것은 신앙적으로 성숙하지 못하는 원인이 되며, 한 사람이 구원을 받고 나서는 또 다른 사람을 겨우 구원의 경지에 이르게 하는 롤을 범하게 된다.

또한 선교단체 사역은 대개 비슷한 연령대만을 포용하므로 교회처럼 모든 연령을 포용하여 인생의 단계를 거쳐 가는 행로에 도움을 주지 못한다. 이런 경우 한 가족이라 하더라고 어머니, 아버지, 자녀들이 교회 밖에서 서로 단절된 신앙생활을 하게 된다. 교회 안에서처럼 통합된 신앙의 삶을 살아야 하는데 그런 삶을 경험하지 못하게 된다. 그러므로 선교단체는 주님을 사랑하고 이웃을 사랑하지만 그리스도의 몸 안에서 지체를 사랑하는 것을 할 수 없게 된다.

문화 + 교회 - 복음 = 자유주의

둘째로 자유주의란 무엇인가?

어떤 교회들은 너무나 문화에 깊숙이 빠져 있어서 오히려 복음을 등한시 하는 경우가 있다. 그들은 사람들을 교회로 돌아오게 하며 선행을 하게 하지만 예수님께 돌아오게 하지는 않는다. 이들은 전형적인 자유주의 기독교 분파로서 대개 죽은 교회에 속한다. 그들은 자신들이 속한 문화 속에서 사회적으로 정치적으로 참여하고 사람들을 사랑하며 선행을 베푸는 것을 사역의 성공으로 여긴다. 그들은 자신들의 문화 속에서 웬만한 것은 모두 수용하고 사람들을 있는 그대로 축복하려고 하는 거짓된 복음으로 인하여 그 사람들을 변화시키는 회개의 복음을 전하지 않는다. 이것은 전적으로 잘못된 것으로 이는 바울이 말했듯이 복음이란 불신자들에게는 미련한 것이요, 거침돌이 되기 때문이다. 자유주의자들은 구조적인 죄에 대해서는 기꺼이 이야기 하지만 개인적인 죄에 대해서는 언급하기를 꺼려하는데, 이는 그 문화 가운데 사는 죄인들과의 관계가 서먹해지기 때문이다.

자유주의 그리스도인들은 주님을 사랑하는 일은 저버리고 형제와 이웃 사랑에 몰두하는 위험스런 일을 시도한다.

교회 + 복음 - 문화 = 근본주의

셋째로, 근본주의란 무엇인가?

어떤 교회들은 복음보다는 교회의 전통, 건물, 교회의 정치에 신경을 쓴다. 그들은 복음을 신학적으로는 이해하지만 그것을 교회 밖으로 갖고 나가지는 않으려고 한다. 이런 전통적인 근본주의자들의 기독교는 독립적인 사고방식을 가지고 성경을 신봉하는 교회들 속에서 폭넓게 활동을 하고 있다. 이런 교회에 속한 교인들이 생각하는 신앙의 성공이란 자신들이 속한 교회를 사랑하고 그 교회에 나오는 사람들을 사랑하면 되는 것이다. 그러나 그들이 자신이 속한 교회를 사랑하는 것만큼 자신이 속한 문화 가운데 있는 잃어버린 영혼들을 사랑하고 예수님을 사랑하는지는 의문이다. 이런 점에서 그들은 실패하고 있다. 이런 교회의 목사들은 교회의 필요를 알리고 교인들을 격려하고 세우며 그들이 죄를 짓지 않도록 하는 일에 초점을 맞춘다. 이런 교회들은 그리스도인들이 복음을 들고 그들이 사는 문화 속으로 나가게 하기보다는 사람들을 교회로 끌어들이기 위해 노력한다. 다시 말하면 그들은 내부로 눈을 돌려 성찰하기 때문에 규범, 율법, 도덕이 복음을 대치하며, 성경구절은 이를 뒷받침하는 도구로 사용하게 된다.

근본주의 그리스도인들은 대개 주님을 사랑하고 교회의 형제를 사랑하지만 이웃사랑은 무시하는 경향이 있다.

위에 이런 세 가지 형태의 오류에 빠지지 아니하고, 주님이 말씀하시는 지상명령을 바르게 수행하는 교회가 되기 위해서는 복음과 문화와 교회가 균형을 이루도록 현대목회자들은 힘써야 된다고 생각한다. 오늘날 많은 교회의 문제점은 이런 세가지 특수한 핵심을 놓치므로 병들어 가고 있다고 생각한다. 그러므로 우리 사역자들은 자신의 교회와 또 앞으로 선교를 통해서 세워질 교회와 현대교회를 바르게 세우는데 성경적 관점에 맞는 바른 신학으로 목회해야 된다고 생각한다.

3) 교회의 목적(Vision)을 이루는 사역

(1) 하나님께서는 교회를 통하여 그분의 뜻을 성취해 나가신다. 그러기 위해서 하나님은 교회 안에 특수한 사역을 부여해 주셨다.

교회의 기본적인 사역을 디카슨(Fred Dickson)은 ① 하나님께 영광을 돌리는 것 ② 세계를 복음화 하는 것 ③ 교인을 교육하는 것이라고 했으며, 가렛트 신학교의 린그렌(Lindgren) 교수는 ① 하나님께 예배하는 것 ② 교인들의 신앙을 유지하고 세우는 것 ③ 상호간의 봉사에 종사하는 것 ④ 다른 사람에게 전도하는 것 ⑤ 오늘날의 사건들을 하나님의 계시에 비추어서 해석하는 것이라고 했다.

(2) 교회의 목적을 이루기 위한 사역은 대체로 다음과 같이 다섯 분야로 요약할 수 있다.

첫째, 예배이다(λειτουργια)

예배는 교회의 일차적 사역이다. 예배는 하나님을 사랑하고 경배하며 섬기는 표현으로 그분께 영광과 기쁨을 올려드린다. 동시에 하나님이 내려 주시는 충만한 은총인 말씀과 복을 받아 영과 육이 강건하여져서, 세상 속에서의 그분의 증인의 삶을 사는 힘을 공급받는 것이다.

하나님께서는 신령과 진정으로 예배드리는 사람을 찾으시고 그들을 축복하신다.(요 4:23-34).

둘째, 복음전파(선교)이다(κερυγμα)

교회는 복음 전파를 위한 선교 기지로서 이 세상 안에 존재한다. 그러므로 교회에는 전도와 선교의 사명이 있다. 그래서 이 땅 위에 세워진 모든 교회는 주님의 지상명령인 "전도사역"의 사명을 가지고 있다.

동일 문화권의 지역사회에 살고 있는 이웃 주민들에게 복음을 증거하고, 동시에 타문화권의 사람들에게는 "선교"의 사명이 있다(행1:8,마 28:18-20).

셋째, 교육이다

교회는 성경을 교재로 하여 하나님께서 분부하신 모든 것을 가르치는 교육의 사명을 가지고 있다. 성령님의 지도 아래, 구원받은 성도들을 천국의 일꾼으로, 그리스도의 제자로 살 수 있도록 가르치고 훈련시키는 사역을 해야 한다.(마 28:20).

넷째, 성도와의 친교이다(κοινωνια)

교회는 그리스도 안에서 성령으로 하나된 하나님의 자녀들로 구성되어 있다. 그러므로 성도간에 피차 성령 안에서 뜨겁게 사랑하라는 것이 예수님의 명령(요 13:34-35)이다. 이 신적 사랑(agape)을 토대로 성도들 간에 피차 교제를 나눔으로써 신앙공동체를 이루어야 하고, 교회는 은혜가 충만한 사랑의 공동체가 되게 하는 사역을 해야 한다.

모든 교회는 그리스도를 구심점으로 하여 성도들간의 교제를 위해 소그룹을 조직, 운영하여 사역하고 있다. 그리하여 성도와 성도 사이에 형성된 아름다운 코이노니아(koinonia) 속에 "하나님의 나라"가 있게 하는 사명이 있다(눅 17:21).

다섯째, 봉사이다(διακονια)

교회는 "네 이웃을 네 몸과 같이 사랑하라"는 말씀에 따라 "교회가 있는 곳에 봉사(διακονοζ)가 있다"고 할 만큼, 교회마다 이웃과 지역사회 그리고 세계의 연약한 자 병든자 나그네를 위한 섬김의 봉사사역을 하고 있다. 예수님께서 섬김을 받으려고 이 땅에 오신 것이 아니라, 도리어 섬기려 하고 또 자기 목숨을 대속물로 주기 위해서 오셨다. 그러므로 교회는 사회봉사에 힘써야 한다.(마 20:28)

교회의 5가지 사역을 수행할 때 반드시 경계해야 할 것은 우리가 진리를 사람들에게 능력있게 전할 수 있도록 도우시는 성령의 능력을 의지하는 것이다. 기독교 사역에서 실패하는 원인에 대해 R.A.토레이는 『평범한 속의 권능』에서

첫째, 성령이 말씀으로 계시하신 메시지 대신 다른 메시지를 가르치는 것이다. 인간의 과학, 미술, 철학, 사회, 역사, 경험 등을 가르치고

설교하느라고 성령께서 계시하신 하나님의 말씀 곧 성경을 가르치거나 설교하지 않는다.

둘째, 성령의 메시지인 성경을 성령의 계시 없이 공부한다.

셋째, 성령의 나타나심과 능력 대신 설득력있는 지혜의 말로 성경을 가르친다(고전 2:1-5).

그러므로 하나님의 말씀을 깨닫거나 전할 때 전적으로 성령을 의지해야 한다. 그리고 깨달은 진리를 말하거나 순종할 때도 성령의 인도하심을 따를 때 능력 있는 사역을 할 수 있다.

2. 교회행정의 바른 이해

1) 교회 행정의 정의

교회행정은 『교회』와 『행정』의 합성어(合成語)이다.

행정(Administration)은 라틴어 Administare에서 온 말인데, 이것은 Ad(~앞에) 와 ministare(봉사한다)의 합성어로서 "~앞에 봉사한다" (to serve)는 뜻이다.

우리는 오랫동안 "행정"을 "통치"와 같은 뜻으로 사용해 왔으며, 이 말을 정부행정과 같은 공행정에만 사용해 왔으나, 영국이나 프랑스에서는 보다 포괄적인 넓은 의미의 "관리"(Management)와 같은 뜻으로 사용했다.

교회행정(教會行政)의 정의(定義)는 우선 교회행정이 아닌 것을 지적함으로 바르게 이해할 수 있다.

(1) 교회행정은 교회를 "통치"(統治)하는 것이 아니다.

'행정'이라고 하면 '통치권'이나 '정치'를 연상하기 쉬우나, 교회의 정치체제와 정치 현상을 연구하는 것은 교회정치학이지 교회행정학이 아니다.

(2) 교회행정은 교회의 "사무처리(事務處理)가 아니다.

'행정'이라고 하면 '기술'에 반대되는 '사무'를 의미하므로, 교회행정을 교회의 사무처리로 오해하는 사람이 있다. 그러나 사무처리는 교회행정의 극히 작은 일 분야에 불과하다.

(3) 교회행정을 교회사무의 "컴퓨터화"를 의미하는 것이 아니다.

이것 역시 극히 작은 일 분야에 불과하다. 교회행정이란 교회의 목적 사역을 가장 효율적으로 관리하고 지원하는 것을 말하는 것이다.

2) 학자들의 견해

(1) 교회행정이란, 교회의 정치 원리에 입각하여 교회의 조직 운영 또는 성장에 관한 분야이다. — 손병호

(2) 교회행정이란, 교회 전체를 동원해서 교회의 본질과 사명이 무엇인지를 이해하고 그에 따른 임무를 완수하기 위하여 필요한 물적, 인적 자원을 조직화하고 효율화하는 과정이다. — 박경완

(3) 교회행정이란, 교회의 본질과 선교의 사명이 무엇인지를 발견하고, 선교의 사명을 완수함에 있어서 주어진 모든 물적 · 인적자원을 유용하게 사용할 수 있도록 조직적이고 포괄적인 방법으로 교회를 이끌어 나가는 것이다. — A. Lindgren

(4) 교회행정이란, 교회의 목적에 대한 인식을 촉진하며, 경험과 활동을 고무하고 협동하며, 자산과 인적자원을 발굴하고 활용하는 것을 말한다. (은사 발굴) — 김득룡

(5) 교회행정은, 교회의 목적과 의사를 실현시키고 맡겨진 과업을 수행하기 위한 조직(organization)과 직원(personnel)과 운영(managing)의 기술과 능률을 말한다. — 조동진

결국, 교회행정이란, 교회의 본질과 사명을 발견하고, 임무를 완수하기 위해서, 모든 인적 · 물적 · 경제적 자원을 발굴하고, 이를 효율적

으로 관리 · 운용하여 교회의 목적을 가장 효과적으로 달성하는 것이다.

그런 면에서 교회행정과 목회행정은 같은 목적을 가졌으나 다르게 표현한 말이다. 즉 교회행정은 교회의 행정을 주체로 표현하였다면 목회행정은 목회를 주체로 표현한 말이다.

3. 교회행정의 필요성

1) 조직체에는 반드시 행정이 필요하다.

교회도 하나의 조직체로서, 일정한 목적과 인적, 물적, 재정적 자원을 가지고 있다. 따라서 교회의 목적을 달성하기 위해서 이들 자원을 가장 효율적으로 관리 · 운용하기 위해서는 "교회행정"이 필요 불가결하다. 행정은 어떤 일을 성취하는 하나의 과정이기 때문에 목사의 직무도 당연히 행정이 수반되어야 한다. 그러므로"목회가 있는 곳에는 교회행정이 반드시 있어야 한다."

2) 현대사회의 급격한 발전으로 교회도 전산화가 되고 있다.

현대사회는 기술, 정보, 통신, 문화의 발달과 인간 욕구의 다양화로 인하여 모든 분야에 있어서 다양성, 능률성, 전문성, 합리성이 요구되고 있다. 교회도 이와 같은 사회 변화에 대응하는 현대적 관리 · 운영방법(행정)이 절실히 필요로 한다.

3) 목회자의 행정활동이 증가하고 있다.

한국교회는 지난 세기 동안에 교회가 부흥되므로 교인수가 증가하였을 뿐 아니라, 교회 역시 대형화되므로 교인의 관리, 교육, 선교, 물자 · 시설의 획득, 관리, 보수, 처분 등 재정의 수입, 지출과 조직의 운영, 통제로 행정업무가 점점 더 많아지고, 목회자의 행정 업무시간도 많이 요구하고 있다.

마비스 (Curry Mavis)는, 목회자는 심방과 상담을 위해서 그의 시간의 1/4을, 예배와 설교를 위해 1/4을, 그리고 교회행정을 위해서 1/2을 사용하고 있는데, 3/4을 사용하는 것이 더 좋다고 말했다.

교회행정은 목사의 사역에 관계되는 설교, 심방, 교육, 전도 소그룹 운영 등이 모든 사역에 행정이 필요하다.

목사의 어원 Minister는 "섬긴다"는 뜻인데, 섬긴다는 것은 '행정'(Administer)을 말한다. '목사'를 "감독"이라고도 하는데, 감독(επισκοποζ)이라는 말은 "질서를 잡아 주고 다스린다"는 뜻이다.

목사와 감독이란 교회를 돌보는 '행정'을 하는 사람이라는 뜻이다(딤전 3:5).

4. 교회행정의 목적

1) 교회의 성장과 교인을 성숙케 하는 것(엡 4:12, 고후 10:8, 13:10)

교회는 사명이 있다. 그것을 이루기 위해 성도들이 하나님께 받은 은사를 따라서 교회 사역에 배치되고 맡겨진 사역을 효율적으로 수행하게 함으로써, 교회와 성도들을 성숙하게 하는 것이 교회행정의 목적이다.

신약시대에 있어서 교회행정의 목적은 교회의 부흥과 성도의 성숙에 있었다. 초대교회의 집사직분은 사도들의 일을 분담하기 위해 세워졌다. 그러나 그것은 엄밀히 말하면 사도들의 직무의 한 부분이었다. 당시 집사를 세운 교회가 점점 성장하였고, 그 후에 교회는 더 많이 업무의 분담이 요구되었다. 이 직분을 통한 일의 분담이 곧 행정인 것이다. 교회의 행정은 초대교회 때부터 불가분의 관계를 가지고 있다. 바울은 교회의 직분과 은사를 "성도를 온전케 하며 봉사의 일을 하게 하며 그리스도의 몸을 세우려 하심이라."(엡 4:11) 하였고, 또 그가 사도로 세움을 받은 것 역시 "너희를 파하려 하신 것이 아니요 세우려고 하신 것"이라 하였다. 그러므로 교회행정은 교회의 성장발전을 그리고 성도들에게 준 은사는 그리스도의 몸인 교회를 세우고 성도들의 신앙성숙과 봉사를 하기 위해 주심으로 주님의 지상명령을 효과적으로 이루게 하셨다. 이것이 교회 행정이다.

2) 교회의 일치와 연합을 이르는 것(엡 4:3-6, 골 2:2)

모크만(A. B. Mochman)은 "행정은 근본적으로 봉사활동이라"고 말하였다. 그러므로 일반행정도 봉사의 성질을 가지나, 교회행정은 본질적으로 "봉사"요 "섬김"이다.

성직, 즉 Ministrty는 "봉사"를 의미한다. "종으로 섬김", "배 밑에서 노를 저음", "봉사함"이라는 뜻이다. 따라서 교회행정은 권력으로 다스리는 것이 아니고, 교인들이 효과적으로 봉사하고 활동할 수 있도록 그들을 정비하는 것이다.

성령의 도우심을 받아 교회의 다양성 속에서 통일성을 이루어 하나님의 비전을 성취하는 것이 교회행정의 목적이다.

모든 교인들이 각자의 개성과 독자성을 잃지 않으면서 자기중심주의와 독선배타주의를 지양하고, 협동과 일치를 이루게 하는 것이 교회행정이다.

3) 하나님의 영광을 나타내는 것(살전 2:4, 엡 3:21)

교회행정의 동기와 궁극적 목적은 하나님의 영광이다. 교회는 하나님의 영광을 위하여 하나님께서 직접 세우신 기관인데, 교회의 궁극적 목적이 하나님의 영광이므로, 교회행정의 궁극적 목적도 하나님께 영광을 돌리는 것이 되어야하고, 그 결과는 하나님의 기뻐하심이어야 한다. 일반행정의 궁극적인 목적이 인간의 복지향상과 행복에 있다며, 교회행정의 궁극적 목적은 하나님을 기쁘시게 하며 그분께 영광을 돌리는 것이다(살전 2:4).

4) 목표를 성취하기 위한 행정과정이 필요하다.

이와 같이 일정한 목표를 설정하고, 그 목표를 성취하기 위해 거쳐야 하는 일련의 순차적 단계를 행정과정이라고 하는데, 교회행정 역시 이와 같은 과정이 있어야 한다. 양창삼은 「현대 경영관리론」에서 행정과정(management cycle)은 단독으로 성립되는 것이 아니라 서로 밀접한 관계를 가지는 순환구조여야 한다. 다시 말하면, 매니지먼트 사이클은 행정관리 기능의 상호관련(interrelatedness)과 상호의존(interdependence)적인 성격을 가질 때 행정의 효율성을 가져올 수 있다.

(1) PDS방법은 관리기능을 계획(plan), 집행(do), 심사(see)와 같이 세 가지 과정으로 나누어 있다.

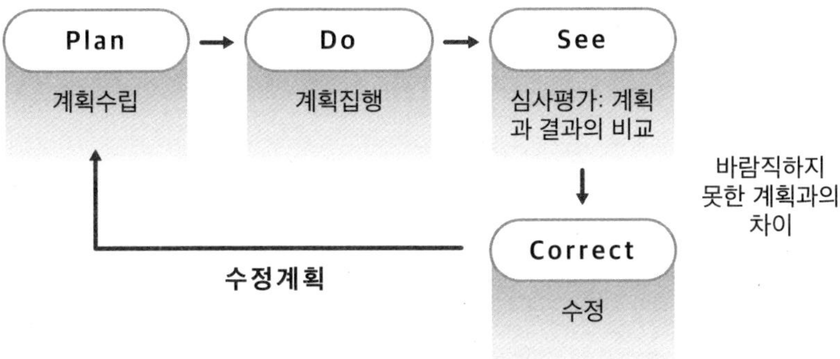

(2) POSDCORB의 매니지먼트 사이클은 1937년에 굴릭(L. Gulick)이 제시한 관리과정의 일곱 가지 기능으로 계획(planning), 조직(organizing), 인사(staffing), 지휘(directing), 조정(coordingating), 보고(reporting), 예산(budgeting)의 머릿글자를 따온 것이다.

(3) POOM의 매니지먼트 사이클은 미국 경영학회(American Management Association)에서 실증적인 연구 결과 4단계의 관리순환을 제시했다. 그 과정은 계획(Planning), 조직(organization), 실시(operating), 측정(measuring)이다.

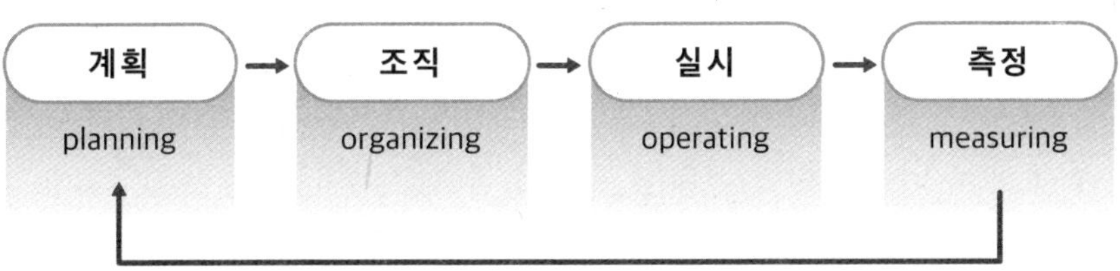

5. 교회행정 특수성

교회행정도 일반 행정처럼 행정을 수행할 때 1) 합법성 2) 능률성 3) 효과성과 4) 민주성이 있어야 한다. 그러나 교회는 특수한 성격인 신적인 요소가 있는 단체이므로 그 밖에 두 가지가 추가된다. 그것이 5) 하나님중심주의 6) 인간지향주의이다.

1) 합법성

교회에도 법과 제반규정들이 있으므로 교회행정은 이 규정과 법을 준수하면서 그 테두리 안에서 효율성과 창조성을 찾아야 한다.

그러나 매사에 법규정과 절차의 시비를 벌려 무익한 형식과 서식에만 매달려서 교회의 더 중요한 가치들을 잃는 어리석음을 범해서는 안 된다.

2) 능률성

능률성은 행정의 생명이다. 따라서 비능률적 행정은 생명이 없는 죽은 행정이라고 할 수 있다. 행정가들이 가장 많은 노력을 기울이는 것이 이 능률성이다. 그러나 교회가 능률성만 추구하다가 교회의 특수성인 하나님중심주의, 인간지향주의를 희생시켜서는 안 된다. 교회행정은 이 모든 것들을 고루 충족되도록 조화있게 수행해야 한다.

3) 효과성

행정은 목표달성의 수단이다. 그러므로 궁극적으로는 목표달성 여부가 중요하다. 그러나 교회의 특수한 성격을 고려할 때, 교회행정에서는 무조건 결과만 달성하면 되는 것이 아니고 그 과정과 수단 · 방법이 매우 중요하다는 것을 항상 명심해야 한다.

4) 민주성

오늘날의 사회에서는 모든 사람이 민주주의로 의식되어 있기 때문에, 교회행정도 당연히 민주적으로 수행해야 된다. 그러나 과도한 민주의 자유가 방종과 무질서를 가져와서는 안된다. 교회는 하나님께서 다스리시는 특수한 단체이므로 방만한 민주행정보다는 차라리 하나님 아버지께서 다스리시는 가부장적 행정(家父長的行政)이 더 바람직할 때가 있다.

5) 하나님중심주의

린그렌(A. Lingren) 교수는 교회행정의 원리를 하나님중심적(God-centered)이며 인간지향적(Person-oriented)이어야 한다고 하였다.

먼저 교회행정이 하나님중심이라는 것은 교회가 하나님 중심이며 하나님이 교회의 주인이 되고, 우리는 그분의 몸인 교회 지체라는 인격적 관계를 수립하고 있다는 것을 의미한다.

교회가 하나님의 뜻을 중심으로 움직여지고 있지 않다면 그것은 일종의 우상숭배에 빠져 있다고 할 수 있다. 예를 들어서 프로그램 중심적이거나 인간중심적인 교회가 되어서는 안 된다는 것이다.

하나님 중심의 행정이라는 것은 구체적으로 하나님의 뜻인 말씀에 일치되는 행정을 말한다.

하나님중심이라는 말의 실제적 의미는 교회가 “선교기지(宣教基地)”로써의 그 사명을 잃지 않는 것을 말한다. 즉 교회의 행정이 선교를 성취하는데 지향(指向)해야 되는 것이다.

6) 사람지향주의

교회행정은 사람지향적이어야 한다. 사람지향적이라는 말은 교회가 "사람을 위한 기관" 이라는 것을 의미한다. 교회의 주체는 하나님이시며 하나님의 소유인 인간이 모이는 공동체란 뜻이다.

인간지향적인 교회행정이란 인간이 교회의 주요 관심사가 되어야 한다는 뜻으로 교회생활에 있어서는 그 안에 있는 사람들에게 말씀에 근거한 행정을 통해 무슨 일이 일어나느냐 하는 것이 가장 중요한 일이 되어야 한다는 뜻이다. 교회는 모든 활동의 목적이 사람들에게 무슨 변화가 일어나느냐 하는 관심이 있어야 한다는 것을 잊어서는 안 된다.

제2장

교회와 비전

Church and Vision

1. 비전의 정의

마 16:18-19, 잠 29:18

비전이란 앞날을 보는 것을 뜻한다. 여기서 "본다"는 것은 '미래나 현재에 있어서 긍정적인 '통찰'을 의미하기도 한다. 즉 내면적 통찰뿐 아니라 환상이나 꿈을 통하여 현재의 위치에서 감지되는 위험이나 좋은 일에 대한 예감 등의 어떤 현상을 감지함을 뜻하기도 한다.

사도행전 10장에서 베드로는 부정한 짐승의 보자기 환상을 보았고, 그것은 이방인 고넬료의 집에서 성령의 역사로 이루어졌다(행 10:44).

그런가하면 바울도 역시 비전의 사람이었다. 유대인을 강하게 핍박한 사울이었던 그는 다메섹 도상에서 환상 중에 예수님을 만나는 경험을 한다(행 9:5). "이 사람은 내 이름을 이방인과 임금들과 이스라엘 자손들 앞에 전하기 위하여 택한 나의 그릇이다(행 9:10, 15)"라 하셨는데, 바울은 어디를 가든지 이 비전(사명)을 위하여 핍박과 고통과 투옥, 그리고 셀 수 없는 매질 앞에서도 이방인의 사도로써 하나님의 말씀대로 살았다.

비전이란 무엇인가? 교회를 세우신 예수님은 베드로의 신앙고을 위에 「내 교회를 세우겠다」하셨고 그 후에 예수님의 꿈대로 지상의 모든 교회가 베드로와 같은 고백을 하는 사람을 통해 주님의 교회가 세워졌다. 하나님께서 자신의 뜻을 계시나 환상 혹은 말씀으로 나타내시어서 그의 종들을 통하여 그것을 하나님의 백성들을 통해 이루시게 하는 것이다.

2. 비전의 특성

지도자가 비전의 특성을 알게 되면 자신과 하나님에 대해 그리고 사역에 대한 하나님의 뜻을 최선을 다해 순종 할 수 있게 된다. 즉, 지도자가 삶의 철학이나 명백한 사역 철학을 갖고 있지 않을지라도, 비전을 가지고 있다면 그는 일관성 있는 결정을 내릴 수 있게 된다는 것이다.

1) 비전의 9가지 특성

하나님이 주신 비전의 특성에 대해 조지 바나(George Barna)는 「The Power of Vision」에서 비전의 특성을 말하고 있다.

① 비전은 고무적이다. 세상에 대한 하나님의 관점과 하나님이 어떻게 자신을 사용하기 원하시는지 알게 되면, 즉 비전을 찾기만 한다면 분명히 기뻐서 즉시 일을 추진하고 싶어질것이다. 그리고 비전을 이루는 과정에서는 힘이 솟고 흥분을 느끼게 된다. 비전은 용기를 북돋운다.

② 비전은 변화를 추구하며 안락한 삶을 거절하고 살아 있는 생명체가 계속 변화하는 것처럼 비전은 사역의 활동과 발전을 나타내므로 비전을 소유한 사람의 삶 속에서 사역을 더욱 의미 있게 해 준다.

③ 비전은 도전적이여서 쉽게 받아들이기가 어렵다. 하나님은 자기 백성에게 손을 내밀어 도우시기를 좋아하신다. 비전은 하나님이 도우시려는 바로 그 일을 하는 것이다. 전에는 결코 해본 적이 없는 일을 하나님께서 할 수 있게 해줄 것을 믿지 않는다면 앞에 있는 장애물들을 통과할 수 없다. 비전은 불가능해 보이는 것을 가능하게 만든다.

④ 비전은 능력을 준다. 사역을 위한 비전은 사람들을 섬기고, 궁극적으로는 하나님을 섬기도록 능력을 부여한다.

⑤ 비전은 장기적이며 점진적으로 펼쳐진다. 비전은 자주 바뀌는 것이 아니며 단기간에 이룰 수 있는 것도 아니다. 비전은 오랫동안 열심히 실행해 나가야 한다. 비전의 생명이 당신의 생명보다 더 길 수 있다.

⑥ 비전은 내게 맞는 것이다. 하나님은 개인적인 하나님이시다. 하나님은 우리를 신중하게 창조하셨고, 우리를 개인적으로 아신다. 그렇기 때문에 하나님은 우리에게 꼭 맞는 비전을 주신다. 우리는 다른 교회나 목회자의 비전을 모방할 수 없다. 그들이 힘을 다하여 하나님과의 관계에서 받은 비전이라면, 그것은 그들에게 유일한 것이며 하나님이 자기 왕국을 위하여 그에게 이루도록 주신 독자적인 것이다.

⑦ 비전은 상세하다. 사명은 광범위한 반면 비전은 상세하다. 성경의 이야기들은 삶의 가장 사소한 것에도 하나님의 도우시는 손길이 닿고 있음을 증명한다. 성경에서 요셉의 비전을 이루시는 과정을 보면 하나님이 얼마나 구체적인 계획 가운데서 그에게 큰 임무를 맡기시고 인도하시며 이루시는지 확인할 수 있다.

⑧ 비전은 사람 중심이다. 하나님은 일 중심의 지배자가 아니다. 하나님은 사람을 창조하셨고 그들을 사랑하신다. 그는 자기 아들을 죽게 하시기까지 사람들을 사랑하셨다. 하나님은 사람들이 서로 사랑하고 하나님을 사랑하도록 하기 위해 교회를 세우셨다. 따라서 하나님이 주시는 비전은 당신이 사람들의 삶을 변화시키는 것에 초점이 맞추어져 있음을 알 수 있다.

⑨ 비전은 밝은 장래를 보여준다.

2) 비전을 가질 때 생기는 마음

조지 바나는 비전을 가질 때 우리 안에서 다음과 같은 마음이 생겨난다고 했다.

① 실현할 수 있는 목적을 갖는 안도 감.

② 하나님이 우리를 사용하신다는 데서 오는 즐거움.

③ 소명에 충실할 때 하나님께서 복 주실 것이라는 자신감.

④ 비전이 실현되어 사람들의 삶에 영향을 주는 것을 보고 싶은 기대감.

⑤ 하나님이 주관자이시고 우리는 승리자라는 것과 반드시 비전이 이루어질 것이라는 미래에 대한 희망.

⑥ 우리에게 은혜를 베푸셔서 하나님의 일에 동참케 하시고 하나님이 승리하시는 것을 보게 해 주신 하나님의 사랑에 보답하려는 열정.

⑦ 더 나은 삶을 갈구하면서도 그 방법을 모르는 세상에 의와 공평과 사랑을 더욱 진작시키고자 하는 염원.

비전은 이렇듯 비전을 가진 자신이나 그것을 함께 하는 성도들 속에 기쁨과 즐거움을 갖게 하고 위험과 고난 앞에서 두려워하지 않는 용기와 열정을 준다. 뿐만 아니라 그것이 이루어졌을 때는 많은 사람들에게 영감과 평안을 주며, 하나님께는 영광이요 이룬 그 자신에게는 상급이 된다.

3. 비전이 사역에 주는 유익점

1) 비전에 대한 올바른 이해

현대 교회의 문제점은 무엇인가? 왜 교회가 힘을 잃고 침체되며 방황하는 것일까? 그 이유는 지도자가 비전을 갖지 못했거나 비전을 가진 지도자가 떠났기 때문이다. 그러므로 교회가 문제를 해결하려면 지도자가 비전을 다시 갖고 그 비전에 의해서 교회를 섬길 때 해결된다. 왜냐하면 교회를 섬긴다는 것은 하나님께서 명하신 일이기 때문이다. 하나님께서 명하신 일의 내용이 바로 교회를 섬기는 일이다. 다시 말해서 교회를 섬긴다는 말은 비전이 있다는 것이요, 그 비전에 의해 하나님께서 교회를 섬기라 하신 것이기 때문이다. 교회사역에 성공한 지도자들의 한결같은 공통점은 자신이 왜 교회를 섬기는지에 대해서, 그리고 자신이 어떠한 교회를 섬기도록 부름을 받았는지에 대해서 명확한 비전(Vision)을 가지고 있다.

비전이란 사명이나 목적이라고 할 수도 있다. 그러나 학자에 따라서는 비전을 사명과 목적으로부터 구별하기도 한다. 조지 바나(George Barna)는 사명은 사역목표로 일반적으로 표현하고, 비전은 방향과 특성을 구체적으로 표현한 목적이라고 주장한다.

릭 워렌은 "The Purpose Driven Church"(목적이 이끌어 가는 교회)에서는 "목적"이라는 개념을 "비전"과 동일시하고 있다. 그는 "우리의 비전(목적)은 큰 교회를 세우는 것도, 예배당을 짓는 것도 아니다. 우리의 비전은 오직 예수 그리스도를 전하고, 그들을 제자로 키워내는 것이다."라고 했다.

교회는 어떤 특정한 힘이나 요인들에 의해 움직이게 되어있다. 그 요인들은 전통일 수도 있고, 목회자의 개성일 수도 있고, 재정이나 프로그램, 행사 혹은 비전일 수 있다. 그러나 가장 중요한 요인은 성경적 목적의식인 목회 비전이어야 한다. 하나님의 뜻 때문에, 하나님의 목적 때문에, 하나님이 주신 비전 때문에 사역하고, 목회한다면 교회는 성장될 것이다. 세상적인 요인은 시간이 지나면 변하고 사라지지만 하나님의 목적(비전)은 불변하며 영원히 존재한다. 영원한 목적을 위해 사역하는 목회자가 성공적인 목회자이다. 성장하지 않고 생기를 잃은 기존교회가 갱신되기 위해서는 반드시 비전이 있어야 한다. 그러므로 새로운 교회를 개척할 때에 반드시 지도자는 목회의 비전을 철저하게 확인해야 한다. 이에 대해 릭 워렌(Rick Warren)은 다음과 같이 말한다.

> 만약 당신이 사역을 시작하려고 한다면 가장 먼저 해야 할 일은 목적을 '규정'하는 일이다. 그러나 당신이 성장이 멈추었거나 감소하거나 또는 단순히 사기가 꺾인 기존교회를 섬기고 있다면 당신의 가장 주요한 역할은 목적을 '재규정'하는 일이다. 당신의 교회 안에서, 그리고 교회를 통해서 하나님이 무엇을 하기를 원하시는가에 대한 분명한 목적을 다시 붙잡으라. 의기소침한 교회를 원기 왕성한 것으로 바꾸는 데에 있어서 교회의 목적을 다시금 발견하는 것보다 더 빠른 길은 결코 없다.

2) 바람직한 비전이 주는 유익

교회가 비전을 가질 때 가장 중요한 유익점 하나를 말한다면 그것은 생기 있는 사역이라 할 것이다. 이렇게 교회가 비전이 분명하면 얻을 수 있는 유익에 대해서 명성훈 교수는 5가지를 지적한다.

첫째, 분명한 비전은 사기를 진작시킨다(고전 1:10).

둘째, 분명한 비전은 좌절감을 해소해준다. 비전이 있으면 무엇을 해야 할 것인가를 보여줄 뿐만 아니라 무엇을 하지 않아도 될 것인지를 보여주기 때문이다(말 1:27; 마 6:33).

셋째, 분명한 비전은 집중력을 가져다준다. 무엇이 더 중요한 일인가를 안 이상 다른 것은 잊어버리고 오직 그 일에만 전심전력 할 수 있게 된다(빌 3:13).

넷째, 분명한 비전은 자발적인 협력을 가져다준다. 성도들은 어디로 가야 할지를 확실히 알 때 협조하고 동참한다(빌 1:15; 스 10:4). 비전이 확실하면 그 일을 해야 하느냐 말아야 하느냐를 가지고 논쟁하고 싸울 필요가 없다. 단지 그 일을 언제, 어디서, 어떻게 할 것인가를 의논하기만 하면 되는 것이다.

다섯째, 분명한 비전은 올바른 평가를 가능하게 해준다. 자신의 일을 시험하고 확증하기 위해서 즉 평가하기 위해서는 비전이 확실해야 한다(고후 13:5). 교회성장의 평가는 자신의 교회를 다른 교회와 비교해봄으로써 이루어지는 것이 아니라 하나님께서 주신 비전을 얼마나 잘하고 있는가를 살핌으로써 이루어지는 것이다. 그러므로 교회가 크든 작든 사이즈가 문제가 아니라 비전을 가진 교회가 건강하고 더 좋은 교회인 것이다.

또한 조지 바나(George Barna)에 의하면 비전의 유익을 다음과 같이 정리할 수 있다.

(1) 큰 꿈을 갖게 한다.

인간 능력의 한계를 넘어설 수 없다면 답답할 수 밖에 없다. 그러나 비전을 찾고 나면 막상 그것은 너무도 엄청나서 절대로 할 수 없을 것이라는 생각이 들 것이다. 하지만 그 일을 위해 하나님이 부르셨다는 결론에 이르면 하나님의 능력은 우리의 능력보다 더 크시기 때문에 그 것을 수용하기 위해서는 자신의 정신세계를 넓혀야 한다는 것을 깨닫게 된다. 큰 꿈으로부터 강한 힘이 나온다. 그러므로 비전을 가진 지도자는 장기적인 사역을 하게 한다.

(2) 사역을 계속하게 한다.

많은 교회에서 행해지고 있는 사역의 문제점은 사역이 주춤거리게 된다는 것이다. 그런 교회에는 하나님이 정해 주신 장기적인 비전이 없기 때문에, 앞으로 전진해 나가다가도 급한 일이 생기면 멈춰서야 한다. 모든 사역에 일관성을 부여해 주는 비전이 없기 때문에 일의 성취감을 느낄 수도 없다. 그러나 비전을 가지고 일 할 때는 진행이 부드럽고 즐거우며 성취감을 갖게 된다.

(3) 방향과 목적이 분명하다.

비전은 목적지를 알려 줄뿐 아니라 그 일을 해야 하는 분명한 이유도 알게 해 준다. 지도자는 사람들이 능률적으로 일 할 수 있도록 해 주어야 하는데, 하나님의 비전은 당신이 가야 할 길을 분명히 보여주고 당신의 성도들을 독려하여 일을 할 수 있게 만든다.

(4) 흥미가 생기고 헌신하게 된다.

교회는 종종 평신도의 무관심 때문에 어려움을 겪는다. 사람들이 열정을 갖지 않기 때문에 사역에 활력이 없고 영향력을 상실하게 된다. 교회가 비전을 갖게 되면 더 이상 상황에 갇혀 버린 희생자가 되지 않는다. 하나님이 특별한 목적을 위하여 사역을 이끌어 가신다는 것을 확실히 믿게 되면, 평신도는 사역에 새로운 관심을 보이고 헌신하게 된다.

(5) 만족스러운 변화가 일어난다.

비전의 결과물은 변화이다. 비전은 현상유지와는 거리가 멀며 새로운 결과를 얻기 위해 새로운 접근 방법을 시도한다. 그러나 대부분의 사람들은 변화를 좋아하지 않는다. 그래서 비전의 가장 기본적인 특성인 변화의 과정과 결과를 경계하게 된다. 그러나 지도자가 사람들에게 비전을 상세하게 알려주면 그러한 경계심에서 빨리 벗어나게 될 것이다.

(6) 다른 기회를 거절하게 되고 문제나 일의 결정에 대한 분석과 상황을 밝히는데 도움을 준다.

비전을 실행하기 위한 전략을 세우는 과정에서 논쟁이나 대립이 생기기도 하고 주도권을 잡기 위한 경쟁이 벌어지기도 한다. 그러나 하나님이 택한 지도자가 비전을 맡은 경우에는 교회가 사건에 휘말리기보다는 오히려 주도해 나갈 수가 있다. 또한 논쟁은 비전을 분명히 밝혀주고 사람들을 활성화시키기 위한 유익한 토론으로 변한다. 사실상 다른 일을 거절 할 수 있도록 해 주는 것도 비전이 주는 또 다른 유익이다.

(7) 개방적이 된다.

비전이 없는 교회 교인들이 공통적으로 갖는 불평은 그 교회의 사역이 식상하여 토론도 필요 없고 새로운 영역의 탐구에 대한 호기심도 일어나지 않는다는 것이다. 비전을 따라 일하는 교회는 그와 달리 새로운 아이디어가 자꾸 나온다. 물론 그런 생각이 모두 환영받고 수용되는 것은 아니지만, 하나님이 그들을 통해 일하고자 하시기 때문에 그들의 생각을 귀히 여기신다는 사실을 깨닫게 되기 때문이다.

(8) 격려한다.

우리가 살고 있는 세상은 우리 자신의 한계를 점점 더 상기시킴으로써 희망을 잃고 좌절하게 만든다. 가정이 제 기능을 감당하지 못하고 부적절한 교육이 행해지고 있으며 사람들은 이기심을 바탕으로 인간관계를 맺고 있다. 문화는 공허한 가치 위에서 형성되고 있다. 지능은 뇌의 10% 정도밖에 사용하지 못한다. 해로운 화학약품으로 인해 인간의 육체는 점점 손상되어 가고 있다. 그러나 이러한 부정적인 세상과는 달리 비전에 따라 움직이는 교회는 자신감으로 넘친다. 비전 위에 세워진 교회는 자신이 세상에 중대한 영향을 미칠 것을 안다. 회중 개개인이 사역의 비전에 공감하여 세상에 영향을 주는 결정적인 역할을 하게 된다.

(9) 자신감을 준다.

사람들은 자신감을 갖고 있을 때 일을 더 잘하고, 더 잘 참으며, 덜 지친다. 비전을 갖고 일하는 교회에서는 이러한 특성이 아주 잘 드러난다. 사람들이 하나님으로부터 능력을 받았다고 느끼기 때문에 평상시에는 감히 꿈도 꾸지 못할 도전에 맞서게 된다. 그들이 보다 높은 소명을 추구하고 있으며 그 목적을 이루기 위한 능력과 자원을 받았다는 것을 인식하고 있기 때문에 그들은 일반적으로 평균 이상의 성과를 달성하기 마련이다.

(10) 충성되게 한다.

현대인들은 어떤 특정한 물건을 선호하지 않는다 그 대신 그들은 가격, 질, 양, 포장상태들을 보고 필요에 맞는 물건을 산다. 사람들은 더 이상 어떤 특정한 사람에게 충성하지 않는다. 물건을 고르듯 자신의 필요를 채울 수 있는 교회를 고르며 또한 기독교의 하나님 대신 다른 신들을 섬기는 사람들의 경우에서도 볼 수 있듯이 종교적 영역에서도 충성을 찾아보기가 힘들게 되었다. 대부분의 사람들은 충성을 바칠 수 있는 비전을 갖고 있지 않다. 비전을 따라 일하는 교회에서는 사람들 각자가 진정으로 교회의 지체라고 느낀다. 그들은 비전을 갖고 있기 때문에 충성심도 높다. 공통된 비전을 갖고 있으므로 사람들이 서로 어울리게 된다. 실패보다 성공에 눈을 돌리게 된다. 비전을 따라 일하는 교회는 '손해 볼 것'을 걱정하지 않고 서로 비난의 손가락질을 하지 않으며, 결국은 성공할 것을 알기 때문에 그 과정 중에 어떤 문제가 일어나도 당황하거나 분열하지 않는다.

(11) 능률을 높인다.

비전이 제 자리를 잡으면 사역에 박진감이 있다. 게으른 것이 죄로 느껴진다. 세상에서 우리의 역할로 하나님께 영광을 돌릴 시간이 얼마나 남아 있는지 모르므로 느긋하게 사역할 여유가 없다. 그러므로 시간을 어떻게 사용하느냐 하는 것이 매우 중요하다. 비전은 우리에게 박진감을 줄 뿐 아니라, 그 일을 능률적으로 이루어 나갈 힘도 준다. 자원이 너무 풍부하여 마음대로 써버려도 되는 교회를 본적이 없다. 세상은 너무 궁핍하기 때문에 우리가 일반적으로 쓸 수 있는 것보다 더 많은 자원을 계속 요구한다. 비전은 귀중한 자원 낭비를 최소한으로 줄이도록 해 준다.

(12) 생산성을 높인다.

비전을 갖고 일할 때는 생산성이 높아진다. 모든 사람이 힘을 모으면 더 큰 결과를 이루어 낼 수가 있다. 비전을 가지면 큰 목표를 가진 사역을 위해 기획하고 계획을 수립하게 된다. 그 결과 투자한 것보다 항상 하나님은 더 많은 소득을 얻게 해주신다.

3) 비전이 교회 지도자에 주는 유익

조지 바나(Gerge Banna)가 위에서 언급한 비전이 사역에 주는 유익점들을 정리해 보면 비전을 가진 교회와 지도자에게 두 가지 측면의 유익점을 말 할 수 있을 것이다.

(1) 지도자의 사역 부담을 덜게 된다.

예수님께서 마르다에게 '하나나 둘만 하라 하시고 마리아는 그 중 가장 좋은 것 하나를 택하였다' 한 것처럼 비전은 사역자와 교회에게 이런 특권을 누리게 한다.

(2) 지도자나 회중들이 사역에 관심을 갖고 더 헌신하게 된다.

왜냐하면 하나님께서 그들에게 무엇을 요구하시는지를 분명히 알기 때문이다. 그러나 비전을 가지고 있기 때문에 그 비전이 지도자나 교회에 어떤 희생 없이 자연적으로 이루어진다고 생각하는 사람은 없을 것이다. 부단한 노력과 희생을 하는 중에 잘못된 계획으로 방향을 잃게 되기도 하고 회중과 지도자 모두 탈진하게도 된다.

4. 성경 속 비전의 리더

1) 모세

모세는 유대인 부모에게서 태어났지만 애굽(이집트)의 공주에 의해서 양육되었다. 그는 하나님의 비전(Vision)을 받기 전에 살인자가 되어 광야로 도망가 미디안 제사장 이드로의 사위로 장인의 양무리들을 돌보는 목자로 40년을 일했다. 어느날 불타는 떨기나무를 보고 가까이 갔을 때 하나님께서 그에게 나타나셔서 말씀하길 "이제 내가 너를 바로에게 보내어 너에게 내 백성 이스라엘자손을 애굽에서 인도하여 내게 하리라"(출3:10)는 비전을 받고 하나님의 능력으로 바로에게서 그 백성들을 이끌어내어 애굽땅에서 가나안 땅으로 이끄는 여정의 길을 갔다.

2) 베드로

부모가 지어 주었던 이름은 히브리식인 '시므온'(행 15:14, 벧후 1:1), 혹은 시몬이었다. 어업을 생업으로 하는 가정에서 자라난 그는 고향 벳새다(요 1:44)를 떠나 가버나움에 정착해 살았다(막 1:21-29).

예수님은 그를 만났을 때 시몬이란 이름대신 베드로(반석) 즉 '게바'(요1:42)라는 아람어 이름을 지어 주셨다. 그리고 그 후에 갈리리 해변에서 시몬과 안드레를 부르시고 "나를 따라오라 내가 너희를 사람 낚는 어부가 되게 하리라"(막1:17)는 비전의 말씀을 듣고 그들은 배와 그물을 버리고 평생 주님을 따르는 제자가 되어 그 비전을 이루셨다.

5. 교회사의 비전 리더들

1) 마틴 루터(Martin Luther)

종교개혁가 마틴 루터(Martin Luther, 1483-1546)는 1505년에 문학석사로서 졸업하였고 그가 법률 공부를 시작했을 때 어느 날 친구와 길을 걷고 있을 때 갑자기 낙뢰로 인하여 함께 걷던 친구가 그 자리에서 죽는 것을 보자, 마음에 큰 변화를 받아 법률가의 길을 포기하고 자신의 영혼 구원에 대한 깊은 번민 끝에 1505년 7월 17일에 에르푸르트의 어거스틴 수도원에 들어갔다.

수도사 생활에서 그는 인정을 받고 1507년에 신부로 안수를 받았다. 그 후 비텐베르그에 다시 돌아와 1512년에 신학박사가 되었다.

1517년 10월 30일은 루터의 운명을 뒤바꿔 놓은 날이 되었고 그의 인생 역사의 전환점을 마련해준 날이 되었다. 그는 그동안 자신의 가슴을 누르던 죄에서 성령의 계시를 통해 그리스도를 믿음으로 구원에 대한 자유와 기쁨을 얻고 자신과 같이 죄로 눌려 자유를 상실한 사람들을 복음으로 깨우는 비전을 가지게 되었다. 그리고 불타는 열정으로 자신이 담임목사로 있는 비텐베르크 교회 게시판에 당시 만연된 죄에 대한 속죄권과 잘못된 교리에 대한 그릇됨을 반박하는 95개 조항의 항의문을 붙였다.

이것이 불씨가 되어 루터의 비전이었던 종교개혁은 성령 하나님의 도우심으로 신학운동과 신앙운동이 되어 타락한 많은 교회들을 바른 신앙으로 돌아오게 되었다. 그가 외친 세 가지 종교개혁의 핵심은

첫째로 잃었던 성서를 다시 찾았다. 그리하여 특수 계급만이 볼 수

있던 성서가 그들에 의해 해석되고 번역되어 교회와 모든 성도들의 신앙에 유일한 규범이 되어 타락하고 부패한 교회와 성도들이 회복되었다.

둘째는 그리스도를 통하여 나타난 하나님의 은총에 의해 인류의 구원이 완성된다는 것을 강조하였다. 인간의 구원은 예수 그리스도안에서 행하신 하나님의 은총의 역사로 말미암은 것이지 결코 사람의 어떤 공로나 선행에 의한 것이 아니다. 예수 그리스도만이 인간과 하나님 사이의 중보자이시며 그 만이 인간의 죄를 사하시는 구세주이심을 증거했다.

셋째로 하나님의 은총을 내 것으로 받을 수 있는 유일한 길인 믿음을 강조했다. 믿음 외에는 인간의 어떤 선행이나 공로도 하나님 앞에 감히 설 수 없다(엡 2:8). 자기 자신의 부족과 죄인됨을 절실히 느껴 거의 자포자기에까지 이른 개혁자 루터의 마음가운데 평안과 소망을 준 것은 "의인은 오직 믿음으로 살리라"(롬 1:17)는 말씀에 대한 확신이었다.

하나님께서 오랫동안 루터의 가슴에 깊은 죄의식의 갈등에 대한 간구에 응답하심으로 그로 중세의 부패한 교회를 살리게 하시는 비전을 갖고 성취하게 하셨다.

2) 존 웨슬리(John Wesley)

존 웨슬리는 감리교를 창시하고, 25만 마일(지구 12바퀴)을 말을 타고 다니며, 4만 2천번을 설교하고, 200권의 책을 저술하고, 135,000명을 전도하여 예수님을 믿도록 결심시킨 위대한 부흥사요 신학자이며 전도자인 하나님의 사람이다. 18세기 영국을 복음으로 변화시킨 비전의 사람 존 웨슬리는

1738년 5월 24일 저녁 주님을 만나기전까지 구원에 확신을 갖지 못하고 방황과 번민에 쌓여 살아가고 있었다. 그날도 웨슬리는 여전히 무거운 마음을 가지고 런던거리를 헤매다가 저녁이 되어 올더스게잇가 한 작은 교회 수요 집회에 참석하였을 때 한 사람이 설교대신 루터의 로마서 주석의 서문을 읽을 때

> 오후 8시 45분경 그(낭독자)가 그 서문에서 예수를 믿는 자의 마음 속에 일으키시는 성령의 역사를 논하는 부분을 읽을 때 나는 나의 마음이 이상스럽게도 뜨거워짐을 느꼈다. 나는 오직 그리스도만을 나의 구주로 신뢰하는 마음이 생겼다. 그리고 그가 나 자신의 모든 죄를 가져가시고, 죄와 사망의 법에서 나를 구원하셨다는 확신을 내게 주셨다. 그후에 나는 나를 모욕하고 핍박하던 자를 위하여 정성껏 기도하였다. 그리고 나는 거기 모인 사람들에게 내가 새로이 얻은 회심의 경험을 증거하였다.

그는 작은 체구였지만 하나님의 부르심에 응답한 비전의 사람으로 그의 업적과 영향력은 위대하였다. 레슬리 스티븐(Sir Leslie Stephen)은 조금 불경스럽기는 하지만 그를 “인간 싸움닭”이라고 불렀다. 이것은 그에 대한 집약된 평가라고 할 수 있다. 그의 삶의 유일한 목적은 그의 동생 찰스의 찬송가 가사에 잘 나타나 있다.

> 이 시대를 위해 필요한 일을 완수하는 것이 나의 소명이게 하소서.
> 오, 주님 나의 모든 능력이 내 주님의 뜻을 행하는데 쓰여지게 하소서.

그후 웨슬리는 “세계는 나의 교구다”라고 고백하며 지구의 12바퀴에 가까운 거리를 돌면서 불을 뿜는 전도자의 길을 걸었다. 무엇이 그

를 그렇게 만들었는가?

"그를 죄악에서 구원하신 그리스도의 사랑 때문이었다."

하나님께서 그를 통하여 일으키신 영국의 부흥운동은 종교적으로뿐만 아니라 사회적으로 어둡고 부패한 영국을 어두움에서 무혈로 도덕적, 윤리적으로 변화시킨 계기가 되었다. 1세기에 가깝도록 이 부흥운동은 영향력을 잃지 않고 확산되어 독일과 미국을 비롯한 전 세계에 영향을 주었다.

6. 비전의 방해를 해결하라

우리 주변에 비전을 이루지 못하도록 방해하는 요소들은 매우 많다. 비전의 방해요소를 알고 철저히 제거할 때 비전은 보다 빨리 성취하게 될 것이다. 흔히 비전의 방해가 사탄이라고 생각할 때가 많다. 비전은 사탄만이 방해하는 것이 아니다. 사탄 외에도 우리에게는 중요한 방해 요소들이 있다. 명성훈과 조지 바나(George Barna)은 비전의 방해요소를 다음과 같이 말한다.

1) 비전의 방해요소들

(1) 전통

좋은 전통은 비전을 이루는데 도움이 되지만 나쁜 전통은 방해만 된다는 것이다. 이에 비해 조지 바나는 우리가 접해 보지 않은 것에 대한 생각이 큰 장애물이 된다고 했다. "지금까지 우린 그런 식으로 일하지 않았다" 는 것이다. 하나님은 일관성과 안정성을 위해 전통을 사용하신다. 그리고 미래를 건설하실 때도 전통의 기반을 두신다. 그러나 진보를 방해하는 전통은 하나님이 사용치 않으실 것이기 때문이다.

(2) 두려움

비전은 변화를 요구하기 때문에 우리는 과거의 실패에 사로 잡혀 때로 겨자씨 만한 믿음도 없이 자신의 운명에 대해 걱정하게 된다. 결과적으로 우리는 두려움에 갇혀 하나님의 영광을 위하여 새로운 길로 나가지 못하게 된다. 그러나 하나님이 주신 것은 두려운 마음이 아니고 능력과 사랑과 근신하는 마음이다.

(3) 무사안일주의

즉 현상유지 하는 소극적인 삶의 태도다. 교회성장을 원한다면 현상유지(Maintenance)의 태도에서 성장하려는(Grrowth)태도로 바뀌어야 한다.

(4) 자기만족

자기 만족에 빠져 사는 활기와 열정 잃은 삶의 태도다.

(5) 만성피곤

항상 피곤한 사람은 자기관리가 안된 사람이다. 사역은 매일 매일 새로운 여행을 하는 것과 같은 긴장감을 갖게 한다. 따라서 지친 몸으로 갈 수 없다. 휴식이 필요하다.

(6) 단기적 사고

즉 근시안적 사고다. 비전은 미래를 내다보는 능력이 필요하다. 단기간 내에 결과를 보려는 경향은 당장의 만족 때문에 미래를 잃게 되는 위험을 갖게 될 것이다.

2) 부르심의 확신으로 방해요소 해결

(1) 부르심에 대한 소명의식의 철저한 이해

비전의 방해 요소를 해결하기 위해 비전을 가진 지도자들은 어떤 부분이 철저히 무장되어야 하는가를 생각해 보자.

그것은 하나님의 부르심에 대한 소명의식과 사역에 대한 이해를 철저히 하는 것이다. 오스월드 샌더스(Oswald Sanders)는 교회 지도자들의 정신과 마음이 하나님께 사로잡힌 바 되어야 하며, 주 예수 그리스도께 초점을 맞춘 사람이어야 한다고 강조한다.

그가 미국의 교회 지도자들을 조사한 바에 의하면, 상당수의 지도자들은 자신들이 교회를 섬기는 것에 관하여 하나님의 부르심에 대한 확실한 소명의식을 가지고 있지 않았다. 하나님의 부르심에 대한 소명 의식의 부재는 교회의 사역을 성공적으로 이끄는 데 있어서 커다란 장애물이 된다. 소명의식 결핍은 예수 그리스도의 영광을 구하기보다 자신의 영광을 추구하는 원인이 되기 때문이다. 실제로 미국 교회와 한국교회을 비롯한 많은 나라 교회 지도자들 중 교회 안에서 발생하는 문제들의 대부분이 교회와 지도자의 이기적인 목표와 유익들을 추구하는데 기인하고 있다. 교회 지도자들은 무엇보다도 먼저, 자신들이 하나님의 영광을 위해 부름 받았다는 사실을 확신해야한다. 리드 앤더슨(Leith Anderson)은 "나는 편안함을 위해 부름 받지 않았으며, 나는 어느 교파나 주일 예배 순서나 혹은 어느 특정한 방법적인 것을 위해 부름을 받지 않았다. 나는 오직 예수님을 위하여 전도하도록 부름 받았다"고 했다. 이와 같이 효율적인 교회 사역을 위해, 교회 지도자는 무엇보다도 먼저 그리스도의 영광을 구하는 것이 중요하다(마 6:33; 고전 10:31). 하나님이 그리스도를 통하여 우리를 구원으로 부르신 것은 사역으로도 부르신 것이기도 하다.

'부르심'(calling)이란 단어는 여러 개의 의미를 가지고 있다. 사전은 그것을 세 가지 방법으로 구분하여 정의를 내린다.

첫째, 부르심은 사업, 전문직, 직업, 혹은 무역의 의미를 나타낸다. 둘째, 부르심은 '초청, 즉 명령이나 소환' 의 의미가 있다. 셋째, 어떤 특별한 봉사나 직위로서 영적 혹은 거룩한 의미를 나타내고 있다. 이 세 가지 정의에 있어 '부르심'을 받은 사람은 응답해야 한다. 모든 기독인들은 자신들을 위하여 십자가에 달려 돌아가신 하나님의 아들, 예수 그리스도를 영접하도록 부르심을 받았을 뿐 아니라, 그 부르심에 응답하였다. 이렇게 하나님의 소환에 응답하였다는 것은 하나님을 위한 어떤 일의 봉사에 동참하도록 요구를 받았다는 뜻이기도 하다.

바네트(Barnette)는 “구원받은 자는 하나님의 구속의 은총 속에서 화해의 사역자로 그리고 세상의 증인으로 보냄을 받았다”고 말했다. 결국 그리스도를 통한 하나님의 부르심에 응답하는 것은 하나님의 뜻에 전 생애를 바치는 것을 의미하는 것이요. 또 이것은 하나님 사역의 봉사에 이미 참여하였거나 참여하도록 모든 교회 지도자들에게 요구하시는 것이라 생각할 수 있다.

에베소서 4:11-13절에 부르심에 대한 목적이 기록되어 있다.

> 그가 혹은 사도로, 혹은 선지자로, 혹은 복음 전하는 자로, 혹은 목사와 교사로 주셨으니 이는 성도를 온전케 하며 봉사의 일을 하게 하며 그리스도의 몸을 세우려 하심이라 우리가 다 하나님의 아들을 믿는 것과 아는 일에 하나가 되어 온전한 사람을 이루어 그리스도의 장성한 분량이 충만한 데까지 이르리니.

이 말씀 속에서 교회 지도자가 가져야할 세 가지의 목적을 발견할 수 있다. 첫째는 사역을 위해 성도를 훈련하여 준비시키는 것, 둘째로 그리스도의 몸인 교회를 세우는 것, 셋째로 믿음 안에서 성도가 성숙하여 하나되게 하는 것이다. 제리 스터블필드(Jerry M. Stubblefield)는 “교회 지도자들의 사명을 모든 교회의 성도들이 그리스도의 사역을 위해 온전히 준비되도록 하는 것이다”라고 했다. 이것은 하나님이 자신의 사역을 하도록 교회의 지도자를 부르실 때, 무의미하게 그냥 부르지 않으시고 특별하신 목적을 가지고 사람들을 부르셔서 세상에서 그분의 목적을 성취하기 위한 도구로서 지도자을 부르시고 쓰신다는 것이다.

(2) 네 단계의 부르심

성경을 통하여 볼 때 하나님은 지도자로 부르실 때 네 단계의 부르심을 알 수 있다.

첫째, 구원에로의 부르심(Call for salvation-딤후 1:9; 요 3:16; 12:32; 눅 15:4-7). 하나님은 이 부르심을 세상에 있는 모든 사람에게 열어 놓고 계신다. 하나님은 사람들이 예수 그리스도를 영접하여 구원받도록 그들을 부르고 계신다. 즉, 죄의 억압으로부터 영생을 소유하도록 부르고 계신다. 이 부름은 교회 지도자가 되기 위한 필요 불가결한 자격 요건인 것이다. 만일 교회에 있는 성인 남녀 교인들이 하나님의 자비로운 이 부르심에 적절히 응답하지 않았다면, 그는 교회 지도자가 되지 말아야 할 것이다. 교회 지도자는 다른 사람을 인도하기 전에 반드시 먼저 하나님의 사람이어야 한다. 그는 하나님께 속한 사람이 되어야 하며, 하나님과 좋은 관계를 갖고 있는 사람이어야 한다. 그러므로 교회 지도자에로의 부름에 있어서 가장 선행되어야 할 것은 '무엇을 하는 것'(a call to do) 보다는 '무엇이 되는 것'(a call to be)에 더 중점을 두어야 할 것이다.

둘째, 성화에로의 부르심(Call unto sanctification- 딤후 1:9; 레 19:2; 벧전 1:16; 살전 4:3; 엡 4:1-3; 히 10:10). 하나님은 우리를 구원에로만 부르지 아니하시고, 또한 성화되도록 부르셨다. 예수님은 성도들이 성숙되어 가면서 더욱 더 자신을 닮아 가며, 성도들이 자신과 유사한 삶의 질을 보여 주기를 기대하고 그들이 열매 맺는 삶을 살기를 바라시며 부르신 것이다. 하나님은 성도들이 성장하고, 그리스도 안에서 성숙한 사람들이 되기를 원하고 계신다. 우리의 궁극적인 목표는 예수님처럼 되는 것이다. 크리스천으로서 우리는 이와 같은 하나님의 부르심에 응답해야 한다. 특별히 교회 지도자들은 더욱 그러해야 한다. 바울은 디모데에게 교회지도자들을 선정함에 있어서 각별히 주의할 것을 부탁하고 있다. 그는 디모데에게 새신자 중에서 선출하지 말고, 성숙하고 자격을 갖춘 사람들 가운데서 교회의 지도자를 선정하도록 권면하고 있다(딤전3:6). 특별히 지도자는 그가 본을 보일 때 사람들이 그를 따른다는 것을 기억해야 한다. 따라서 교회 지도자는 말과 행실과 사랑과 믿음과 정절에 대하여 추종자(믿는자)들에게 본이 되어야한다(딤전 4:12).

셋째, 봉사(사역)에로의 부르심(Call to service- 요 5:17; 엡 2:10;4:11-13; 롬 12:1-2). 모든 성도는 왕 같은 제사장들이다. 모든 성도가 제사장이므로 다른 사람의 중재 없이 하나님께 직접 나아갈 수 있다는 것이다. 하나님과 인간 사이에 예수그리스도를 제외하고는 어떠한 중재자도 있을 수 없다. 예수는 십자가상에서 피흘리심으로 말미암아 모든 사람들을 죄에서 단번에 자유롭게 하신 것이다. 구약에서 제사장직은 하나님과 사람들 사이에서 중재자의 역할을 수행하는 것이었다. 하지만 이 진리는 신약에서 그 의미의 대상이 바뀌어졌다. 신약에서는 교회 사역이 목회자의 사역일 뿐만 아니라 모든 성도들의 사역이 되었음을 가르쳐 주고 있다. 그러므로 모든 하나님의 사람들은 봉사의 사역을 하도록 부름을 받은 것이다. 즉 모든 교회(성도)가 제사장직을 맡았을 뿐 아니라, 또한 집사직도 맡은 것이다. 왜냐하면, 모든 하나님의 사람들은 봉사하도록 부름을 받았기 때문이다.

넷째, 전임 사역자로의 부르심(Call unto full-time ministry- 벧전 4:10-11; 사 6:1-8; 막 1:17). 하나님은 평범한 사람들 가운데서 전임 사역자(full-time ministers)로 부르신다. 사도 바울은 이방인들을 위한 사도가 되도록 부름을 받았고 베드로는 유대인들을 섬기도록 부름을 받았다. 이와 같이 교회의 전임 사역자도 그 사명에 대한 확고한 소명을 갖고 출발해야 한다.

(3) 성령의 사람으로 부름 받아야

교회지도자로 봉사하기 위해서는 하나님의 사람이 먼저 되어야 한다. 또 믿음이 없이는 하나님을 기쁘시게 할 수 없으며, 그 분의 일을 할 수도 없다. 비록 우리가 그의 은혜를 인하여 구원을 받았다 할지라도 사역자로 온전히 헌신하기 위해서는 예수 그리스도의 목적과 영광을 위하여 몸과 마음과 목숨까지도 전적으로 그분께 드려야 한다. 그러면 우리가 어떻게 사역자로 부르심을 받나? 그것은 성령의 역사이다.

우리를 인도하시는 성령의 능력을 생각해 보자.

> "주를 섬겨 금식할 때에 성령이 이르시되 내가 불러 시키는 일을 위하여 바나바와 사울로 따로 세우라 하시니 이에 금식하며 기도하고 두 사람에게 안수하여 보내니라 두사람이 성령의 보내심을 받아 실루기아에 내려가 거기서 배타고 구브로에 가서"(행 13:3-4)

초대교회 바나바와 사울이 성령의 부르심에 따라 안디옥교회가 선교사로 파송한 것을 알 수 있다.

성령은 일반적인 신앙생활뿐만 아니라 구체적인 일에도 사람들을 부르신다. "제가 중국으로 가야 합니까? 아프리카 대륙이나 인도로 가야 합니까? 이렇게 질문하는 그리스도인이 있을 것이다. 우리는 답을 모른다. 누가 대신 답해 줄 수도 없다. 모든 그리스도인이 중국이나 인도 그 외 다른 국가로 부르심을 받지는 않는다. 어디로 가야 할지는 오직 하나님만 아시며 하나님은 기꺼이 자신의 뜻을 알려 주신다.

성령은 우리를 어떻게 부르실까? 앞의 말씀을 봐도 구체적인 답은 없다. 그 방법은 나오지 않지만 분명히 성령은 자신의 뜻을 밝히셨다. 그분은 우리에게 자기 뜻을 알리고 싶어 하신다.

현재 기독교 사역에서는 성령의 부르심을 받아 파송되는 사람들이 필요하다. 사람의 부르심이나 자신의 부르심을 따라 가는 사람들이 많다. 그러면 우리는 성령의 부르심을 어떻게 받을 수 있을까? 이는 갈망하고 간구하며 주님 앞에 기다리고 기대할 때 가능하다. "주를 섬겨 금식할 때에"(행 13:2) 라는 말씀을 기억하라. 성령은 자신의 뜻을 분명히 알려 주기 원하신다.

말씀을 통해 우리를 인도하시는 성령의 능력을 더 살펴보자.

> "일어나 가서 보니 에디오피아 사람 곧 에디오피아 여왕 간다게의 모든 국고를 맡은 관리인 내시가 예배하러 예루살렘에 왔다가 돌아가는데 수레를 타고 선지자 이사야의 글을 읽더라 성령이 빌립더러 이르시되 이 수레로 가까이 나아가라 하시거늘"(행 8:27-29).

또 다른 말씀을 보자.

> 성령이 아시아에서 말씀을 전하지 못하게 하시거늘 그들이 브루기아와 갈라디아 땅으로 다녀가 무시아 앞에 이르러 비두니아로 가고자 애쓰되 예수의 영이 허락하지 아니하시는지라(행 16:6-7)

성령은 우리 삶과 사역을 인도하신다. 어디를 가고 어디를 가지 말아야 하며 무엇을 하고 무엇을 해선 안 되는지 알려주신다. 우리 삶의 모든 순간마다 성령의 확실한 인도를 받을 수 있다.

하나님은 복음전도자가 누구를 만나든지 무작정 말로 복음을 전하기를 바라지 않으신다. 상황에 따라 입을 다물고 누군가와 시간을 함께 보내는 것이 더 중요 할 때도 있다.

교회를 섬기는 지도자들에게 있어 또 하나의 필요 불가결한 요소이다. 마가복음 8:31-38에 보면 예수께서 베드로에게 어떻게 크리스천 지도자가 될 것인가를 가르쳐 주시고 있다. 예수님은 베드로에게 “자신을 부인하고 나를 좇으라”하셨다고 말씀하셨다. 교회의 지도자가 되려면 이기적인 욕심과 명예, 그리고 탐심과 사심을 버려야 한다. 오직 예수 그리스도의 보혈의 공로와 그의 은혜만을 기억해야 한다는 것이다. 이런 면에서 교회의 지도자가 된다는 것은 헌신을 말하는 것이요, 헌신이란 자신을 부인하는 것으로부터 출발하여 오직 예수 그리스도의 영광만을 위하여 그분을 좇는 것이다. 그러므로 비전이 그 능력을 상실케 되는 요인들 중에서 소명에 대한 철저한 충성과 헌신이 모든 장애를 뛰어 넘을 수 있다는 사실은 매우 중요한 발견이다. 따라서 교회의 지도자로서 하나님의 부르심에 대한 소명을 다시 확증하는 것이 매우 중요하다. 그런 면에서 분명한 부르심에 대한 확증이 없이 교회의 지도자가 직분을 맡는 것은 옳지 못하다. 이것은 결국 교회를 부패하게 하고 자신의 이기적인 욕망, 또는 유익을 위한 물질과 명예를 좇는 타락되고 부패한 지도자가 되고 말 것이기 때문이다. 지도자는 항상 최선을 다해 그리스도의 영광만을 위하여 그를 따르겠다고 헌신할 때 사탄의 방해와 좋지못한 전통 그리고 개인의 약점을 비롯한 어떤 경우의 방해에도 이길 수 있게 될 것이다. 그뿐 아니라 사역에 따르는 어떤 고난에서도 능히 그 비전을 이루게 될 것이다.

7. 비전의 공유와 의사전달

1) 비전의 공유

지도자가 아무리 좋은 비전을 가졌어도 그 비전이 그를 따르는 무리와 충분히 공유되지 못할 때 그 소속 기관은 힘을 잃게 되고 침체되기 마련이다.

주변에서 현재 상태를 개탄하면서 과거의 영광만 회상하는 교회 지도자를 본다면 그 교회 역시 무기력한 가운데 빠져 방황하고 있는 모습을 발견할 수 있다. 그것은 지도자가 하나님의 비전을 갖지 못했거나 따르는 무리들과 비전을 충분히 공유하지 못한 것에 원인이 있다고 할 것이다. 사역에 대한 비전은 하나님께서 그의 나라를 위하여 당신을 통해 이루시고자 하는 일이라는 것을 분명히 알아야만 한다. 하나님은 스스로 미래를 만들어 내며 계획하는 인간의 능력에 의존하지 않고 하나님께서 주신 비전을 따르는 지도자를 쓰신다.

존 맥스웰(John C. Maxwell)은 지도자의 기준을 네 단계로 구분한다.

첫째, 결코 비전을 보지 못하는 지도자로 '방황자'(wanderer)
둘째, 비전을 보지만 결코 자신의 것을 만들지 못하는 추종자'(follower)
셋째, 비전을 보고 쟁취하는 '정복자'(achiever)
넷째, 비전을 보고 다른 사람들과 함께 공유하여 그것을 이루는 '지도자'(leader)라고 하였다.

그는 지도자는 반드시 하나님께서 주신 비전을 소유해야 하며 소유한 비전을 따르는 무리와 공유하여 함께 이루어 가는 것이 참된 지도자라고 말하고 있다.

하나님은 지도자에게 비전을 주시고 구체화하여 사람들에게 전하고 실현할 수 있도록 자유와 독창성을 허락하시지만, 반드시 알아야 할 것은 비전은 하나님께 순종하는 지도자를 통하여 이루신다는 것이다. 앞에서 비전의 유익성에서 언급한 바 있듯이 인간의 꿈은 현실과 거리가 멀지만, 비전은 현실 위에 세워진 것임으로 하나님께서 주신 비전은 환경에 민감하기 마련이다. 하나님은 과거나 현재를 무시하고 미래만을 생각하여 당신의 잠재력을 제한하시지는 않으신다. 그러므로 하나님이 주신 비전을 실현하기 위하여 노력하는 목회자는 하나님의 은총을 입게 될 것이다. 그들은 자기과시나 자기만족을 위하여 일하는 것이 아니라 하나님의 뜻을 이루고자 하는 열망을 가지고 일하는 지도자들이다. 그런 교회는 다른 교회에서 찾아볼 수 없는 중대한 일을 이루어 낼 수 있을 것이다. 그리고 그런 지도자에게 성령께서 비전을 주시고 또 그것을 이룰 수 있는 목표인 행동지침을 알려실 것이다.

하롤드 웨스팅(Harold J. Westing)은 그의 저서 「개성 있는 교회」(Creative and Celebrate Your Church's Uniqueness)에서 미국의 창조적인 철학을 가지고 목회하여 교회를 성장시킨 목회자들과의 면담을 통해서 특징을 발견하였는데 성장하는 교회의 목회자는 교회의 목적과 목표를 성도들에게 잘 전달한다는 것이다. 이말은 아무리 좋은 비전과 사역 철학을 가지고 있어도 목회자가 교인들에게 그 비전을 공유하지 못하면 그것을 이루는 것이 불가능하게 된다는 것이다.

시온산 침례교회 힐(E. V. Hill) 목사는 매주 수요일 밤마다 다섯 개의 그룹을 만나서 자신의 비전과 목표를 전했다. 그런 다음에는 매 주일 밤에 이 다섯 개의 그룹들이 한 주일에 한 번씩 돌아가면서 전 교인들에게 교회의 비전과 목표를 전달하도록 했다. 그 후 25년이 지난 지금 그 교회는 목회자의 창의적인 철학과 비전대로 성장하였다. 목회자의 비전과 방향 설정에 따라 교회가 조직적으로 잘 움직여 나가려면 반드시 공유하는 절차가 필요하다.

2) 의사전달

효율적인 사역을 위한 적절한 의사전달에 대해서 기업경영훈련협회가 수많은 조직체들을 대상으로 최근에 조사한 바에 의하면, 의사 소통의 부재가 그들이 당면한 지도력과 경영 문제의 으뜸이 되었다한다. 교회도 마찬가지로 효율적인 의사 소통 없는 지도자의 목회는 침체되고 말 것이다. 따라서 지도자는 어떻게 자신의 마음에 있는 비전을 의사전달이라는 도구를 사용하여 잘 전달 할 수 있을지를 연구해야 한다. 마이론 러쉬는 의사전달을 "한 사람이나 그룹으로부터 다른 사람이나 그룹으로 의사가 전달할 때 전달받는 사람이 이해가 되지 않았다면, 의사를 잘 전달하지 못했다고 말할 수 있다."고 했다. 의사소통의 부재는 불평을 가져올 뿐 아니라 그일을 이룰 수 없게 된다. 이 문제에 대한 좋은 실례를 성경 창세기에서 찾아본다면 바벨탑을 쌓는 사건(창 11:1-9)에서 찾을 수 있다. 이 부분은 의사전달이 개인적으로나 조직적으로 얼마나 중요한 것인가를 실감 있고도 생생하게 설명하고 있다. 다음의 바벨탑 이야기에서 의사전달의 중요성과 그 단계들이다.

1절: 온 땅의 구음이 하나요 언어가 하나이었더라.
4절: 성과 대를 쌓아 ... 하늘에 닿게 하여

6절: 이 무리가 한 족속이요 언어도 하나이므로 이같이 시작하였으니 이 후로는 그 경영하는 일을 금지할 수 없으리로다.

7절: 자 우리가 내려가서 거기서 그들의 언어를 혼잡케 하여 그들로 서로 알아듣지 못하게 하자 하시고

여기서 볼 수 있듯이 의사전달이 그룹의 단결과 헌신을 도모하고, 일에 강력한 동기를 부여하는 열쇠임을 알 수 있다. 그 당시의 사람들은 원활한 의사 소통을 통하여 그들이 계획한 대로 하늘을 향하여 바벨탑을 훌륭히 쌓기 시작했다. 그 후, 하나님이 사람들과 그들의 프로젝트를 관찰하려고 세상에 내려오셨고, 효율적인 그들의 의사전달 시스템이 사람들을 하나의 목표로 뭉치게 한 것을 발견하였다. 그들의 의사전달 체계가 그들의 계획을 실행으로 옮기는 원천임을 인지하신 것이다. 그들은 한 가지 목표를 설정하고 합심하여 일을 하려고 하는 의욕은 좋았지만 하나님께 불순종하는 잘못된 목표를 가지고 있었다. 그래서 하나님은 바벨탑 쌓는 사람들의 프로젝트를 파괴하기로 결정하시고, 그 방법으로 그들의 의사전달 시스템을 무너트린 것이다. 그들이 각기 다른 언어를 가지게 되었을 때, 의사전달 체계가 무너져 그들은 마음을 하나로 묶을 수 없었으며, 서로 단결과 협동을 하지 못하고, 결국 그들의 프로젝트는 파괴되고, 바벨탑은 무너지게 되었다.

이 구절들은 의사전달이 조직체계의 성장과 발전에 있어서 얼마나 중요한 역할을 하고 있는지 분명히 말해 주고 있다. 그러므로 교회 지도자는 능률적인 사역을 위하여 효과적인 의사전달 기술을 습득하는 것이 얼마나 중요한지를 항상 기억하고 의사전달에 초점을 맞추어야 할 것이다.

마이론 러쉬(Myron Rush)는 어떻게 의사전달을 잘 할 수 있는지를 전하는 사람과 받는 사람의 측면에서 단계를 나누어 제시하고 있다.

마이론 러쉬가 말하고자 한 것은 의사전달을 잘하려면 전하고자 하는 내용을 먼저 전달자가 분명히 알고 있어야 하고 그는 자신의 메시지를 단순하게 그리고 올바르게 전달될 적절한 단어와 행동을 선택하는 데 주의를 기울여야 한다고 했다. 마찬가지로 듣는 자 역시 효율적인 의사전달을 하는 데 있어서 분명한 역할이 있는 것을 알 수 있다. 그들은 전달받는 말이나 행동들에 대하여 들으려고 집중해야 하는데 러쉬는 잘못 이해하는 것을 피하기 위해 몇 가지 듣는 기술을 제안하고 있다.

① 명료화하기 위하여 질문하는 것을 두려워하지 마라.
② 전달자가 계속해서 말하고 있는데 듣는 말을 수정하려고 하지 마라.
③ 전달자가 말하는 것에 대하여 잘못되었다고 하거나 섣부른 추측들을 피하라.
④ 전달자를 방해하지 마라.
⑤ 선입견을 가지고 편협하게 청취하려고 하지 마라.
⑥ 말을 다 들은 후에 그가 생각하는 것과 느낀 점을 말하라.

비전을 가진 지도자에게 분명한 의사전달은 성공적인 사역의 열쇠임에 틀림없다. 그러나 듣는 자는 전달되어지는 생각과 느낌을 잘 듣도록 자신을 훈련해야 한다. 말하는 것보다 더 많이 듣는 기술을 습득해야 할 것이다. 그렇게 할 때 훌륭한 전달자가 될 수 있다. 훌륭한 전달자는 정확하게 말하며 바르게 듣기 때문이다.

성경에서 대표적인 예를 든다면 민수기 13장과 14장에서 12명의 가나안 정탐꾼의 보고에 대한 유대인의 반응이다. 이 부분는 결국 하나님의 뜻인 비전이 다음 세대로 넘어가는 안타까운 모습을 보여준다.

교회에서 사람들에게 비전을 전달 할 때 우리는 어려운 문제에 직면하게 된다. 그 이유를 들어 보면,

첫째는 교인들 모두가 자원 봉사자들이라는 강력한 규제를 가할 수가 없다는 것.

둘째로 이들 가운데 두 개의 목표가 서로 상충되어 있다. 말하자면, 자기중심적인 삶으로 자라나도록 지도와 양육을 받은 것과, 성경의 다른 사람들을 섬기고 봉사하라는 것 사이의 갈등문제이다.

셋째는 교회의 구성원들은 특별한 자격 조건 없이도 누구나 그리스도 안에서 믿음을 고백하면 일할 수 있다는 것이다.

그럼에도 불구하고, 우리가 일을 성취하려면 추종자들의 동기를 유발하는데 성공해야 효율적인 사역을 이루어 낼 수 있는 것을 잊지 말아야 한다. 비록 사역의 완전한 목표와 전략을 세우고 있다 할지라도, 우리가 교인들의 동기를 유발하는 데 실패한다면 우리의 목표는 달성될 수 없을 것이다. 일반적으로 사용하고 있는 동기 부여 방법 중 권장하고 싶지 않은 동기부여 방법들을 죄의식을 통한 동기부여이다. 죄의식은 강력한 동기를 유발하지만, 장기적으로는 동기부여 수단으로서 가장 피해야 할 요소이다. 이같은 방법이 지속적으로 통용되지 않기 때문이다. 권장하고 싶지 않은 또 다른 방법은 두려움(공포)을 조성하여 동기를 유발하는 것이다. 이것은 하나님을 경외하거나 두려움으로 그분을 섬기는 것과 다른 것이다. 이것은 처벌과 협박으로 동기를 부여하는 것을 의미하는 것이다. 마지막으로 권장하고 싶지 않은 것은 사람을 조정하는 것이다. 성경에서 비전을 이루는데 가장 잘 동기유발을 사용한 사람이 느헤미야다.

그는 성전 재건 과정에서 동기를 부여할 때,

첫째 앞에 서술한 비난이나 비판을 하지 않고 자신의 문제와 백성들의 처한 문제를 통하여 소속감과 만족감을 갖도록 도전했다. 또 그는

자신의 정치적 권력을 사용하여 변명이나 협박으로 강요하지 않았다.

둘째 외면적인 보상이나 다른 무엇을 제시하지 않고 “이 폐허들을 보라, 수치를 면하자”(느 2:17)고 내면적인 동기에 호소했다.

셋째 일의 분담이다. 사람마다 하나님은 그 비전을 이루는데 각자의 역할을 감당할 은사를 부여하신다는 사실을 지도자는 잊지 말아야 역할을 분담할 수 있다. 일을 분담할 때 서로 탈진하지 않게되고 일이 성취되었을 때 느헤미야처럼 백성과 함께 기쁨을 나눌 수 있다.

3) 역할분담

마이론 러쉬는 「경영의 성서적 접근」이란 저서에서 오늘날 교회가 직면하고 있는 중요한 문제는 역할분담의 문제라고 했다. 대부분의 지도자들이 평신도들과 역할을 분담하지 않는다. 왜냐하면, 성도들은 동역자로 신뢰하지 못하기 때문이다.

마이론 러쉬는 지도자들이 역할분담을 하지 못하는 이유 세 가지를,

첫째, 일이 자신의 의도대로 이루어지지 않을 것 같아서

둘째, 일을 맡을 사람이 충분한 훈련이 되어있지 않다는 생각에

셋째, 일 중독성이나 인정받으려는 욕구로 인하여 역할분담하기를 원하지 않는다고 말했다.

그러나 효과적인 사역을 원한다면 역할분담은 반드시 필요하다. 마이론 러쉬는 역할분담이란 “어떤 사람이나 그룹으로부터 지도자를 대표하여 가능할 수 있는 어떤 권위와 책임과 의무를 다른 사람으로 옮기는 과정”이라고 정의한다. 대부분의 경우들에 있어서, 역할분담은 한 조직의 상위 구조에서 하위 구조로 권위를 옮기는 것을 말한다. 이런 과정에서 역할분담의 여러 가지 특징에 주의를 기울일 필요가 있다. 첫

째로, 역할분담은 일과 역할을 수행하는 것과 함께 책임이 주어진다는 것이다. 둘째로, 역할분담은 분담된 책임을 완수하기 위하여 권위가 반드시 주어져야 한다. 셋째로, 역할분담은 의무를 내포하고 있다. 그러므로 '누구에게 책임이 있는가?', '수행능력 즉 일의 평가 기준이 무엇인가?' 에 대해 분명히 해야 한다.

역할 분담에 있어 출애굽기 18장은 그 실제적인 예를 보여주고 있다. 모세는 비전의 사람이었으며, 당시 그는 영적으로 강력한 지도력을 발휘하고 있었다. 그러나 그는 하나님이 그를 통하여 하시고자 하는 일을 감당하는 데 있어서 관리 능력에 문제가 있었다. 그는 이스라엘 백성들 가운데 존재하는 많은 문제들을 홀로 해결하기 위하여 모든 결정을 이끌어 내려고 했다. 모세가 백성들을 위하여 열심히 일하고 있었던 것은 사실이다. 그러나 그는 날마다 문제를 혼자 해결하느라 지치게 되었고 자신이 정작 해야 할 중요한 일들을 미루게 되었다. 그는 점점 더 정신적, 육체적으로 휴식을 취하지 못함으로 심신이 지치게 되었다. "이튿날에 모세가 백성을 재판하느라고 앉았고 백성은 아침부터 저녁까지 모세의 곁에 섰는지라"(13절)는 이 구절은 모세가 어떠한 형편에 처해 있었는지를 말해 준다. 그 후, 그는 그의 장인인 이드로의 충고를 받는다. "그대의 하는 것이 선하지(효율적) 못하도다 그대와 함께 한 이 백성이 필연 기력이 쇠하리니 이 일이 그대에게 너무 중함이라 그대가 혼자 할 수 없으리라"(17-18절). 이것은 이드로가 모세에게 다른 사람들에게 일의 역할을 분담하지 않으며 곧 탈진할 것이라는 충언이었다. 이 말은 지도자가 독선적으로 일을 처리하게 될 때, 지도자만 피곤해지는 것이 아니다. 백성들도 지치게 된다는 뜻이다. 장시간 동안 결과를 기다려야만 하는 시간적 낭비로 인하여 백성들도 짜증나게 되는 것이다. 이런 문제를 해결하기 위하여 준비된 자를 선택하여 일을 분담하는 것이 바람직하다. 이렇게 한다면 지도자는 효율적으로 그리고 기쁨으로 사역할 수 있을 것이다.

이드로는 신뢰할 만한 사람들에게 의사결정의 권한과 책임을 나누어, 역할을 분담하라고 모세에게 해결책을 제시했다.

그대는 온 백성 가운데서 재덕이 겸전한 자 곧 하나님을 두려워하며 진실무망하며 불의한 이를 미워하는 자를 빼서 백성 위에 세워 천부장과 백부장과 오십부장과 십부장을 삼아 그들로 때를 따라 재판하게 하라 무릇 큰 일이면 그대에게 베풀 것이고 무릇 작은 일이면 그들이 스스로 재판할 것이니 그리하면 그들이 그대와 함께 담당할 것인즉 일이 그대에게 쉬우리라(21-22절).

이 구절에서 '신뢰'라는 단어는 의사결정에 있어서 세우려는 그룹의 지도자가 풍부한 경험을 가진 자를 의미하는 것이 아니다. 그것은 단순히 하나님을 경외하는 정직한 사람들을 지도자로 선택하라는 것이다. 자격과 자질을 갖춘 지도자는 훌륭한 사역을 감당해 낼 것이기 때문이다.

김기제는 그의 저서 「21세기 리더쉽을 계발하라」에서

첫째, 역할분남은 교회와 지도자가 생존하기 위한 본질적인 것이다. 스트레스와 의욕상실을 가져오는 것은 역할을 분담하지 않으려는 데서 온다.

둘째, 역할분담은 리더십 계발을 위해 중요하다. 사람들을 성장시키기 위한 가장 좋은 방법은 그들이 감당할 수 있고 그 안에서 성장할 수 있는 책임을 부여하는 것이다.

셋째, 준비된(자격을 갖춘) 사람들에게만 역할을 분담시켜라. 물론 선택하기 전에 각 사람의 영적 성숙과 영적 은사에 대하여 알고 있어야 한다.

넷째, 할 수만 있으면 다른 사람에게 역할을 분담시켜라. 자신이 할 수 없는 일을 분담시키라. 다른 사람이 할 수 있는 것은 다른 사람들로 하여금 하도록 하라. 다른 사람들이 할 수 없거나 하지 못할 일들은 무수히 많다.

다섯째, 역할분담이 지도자에게서 책임을 해방시키는 것은 아니다. 어떤 책임은 역할을 분담하는 자에게 항상 있는 것이다. 지도자는 책임을 위임받은 자의 필요와 그 일의 과정을 점검하며, 늘 확인해야 한다.

실제로 지도자들은 역할 분담을 잘하지 못해 실패하는 경우가 있다. 여러 가지 이유가 있지만 그 중 하나가 어떻게 역할 분담을 해야 하는지를 잘 모르기 때문에 실패하는 경우가 대부분이다. 폴 벤웨어와 브라이언 해리스(Paul N. Benware & Brian Harris)의 저서 「지도자 만들기」(Leaders in the Making)에서는 지도자가 역할분담에 있어서 숙지해야할 것들을 설명하고 있다.

첫째, 지도자는 자신의 약점(부족한 점)을 잘 알고 있어야 한다. 이것이 역할분담의 초석이 되는 것이다.

둘째, 지도자는 역할분담을 해야 하는 사역의 항목을 결정해야 한다. 그는 자신의 핵심 사역을 잘 수행하기 위하여 다른 일에서 자유로운 것이 좋다.

셋째, 지도자는 사역을 왜 분담해야 하는지를 잘 알고 결정해야 한다. 지도자가 더 많은 시간을 일에 할애하고 있다면 어떤 일을 다른 사람에게 분담시켜야 한다.

넷째, 지도자는 분담할 일과 상호 연관성을 갖도록 해야 한다.

다섯째, 지도자는 일을 분담하는 사람들에게 자신감을 보여줘야 한다. 그리고 어떻게 그 일을 해야하는지 잘 알게 해주는 것이 중요하다.

여섯째, 지도자는 일에 대한 분명한 목표와 기대감을 보여줘야 한다. 불분명한 목표는 일을 맡은 자의 의욕을 죽이고 그 일을 실패하게 한다.

일곱째, 지도자는 일에 대한 한계와 권리의 한계를 분명히 해 주어야 한다. 만일 그 사람이 할 수 있다는 것과 할 수 없다는 것에 대한 한계가 없다면, 커다란 실망과 증오를 갖게 할 수 있기 때문이다.

여덟째, 지도자는 역할분담한 일을 위하여 필요한 자원들을 제공해야 한다. 그 자원들은 돈, 정보, 훈련, 혹은 동역자와 도구 등이 될 수 있다.

마지막으로 지도자는 맡긴 일에 대한 점검과 확인을 해야 한다.

지도자로써 역할 분담에 효율성을 높이는 질문은 다음과 같다.

① 나는 직원들의 효율성을 높이는 데 성공했는가?
② 나는 직원들의 은사와 재능을 발견하고 계발토록 했는가?
③ 나는 전문적 자원과 평신도 리더십 자원들을 효율적으로 사용하고 있는가?
④ 나의 지도력 하에서 사람들이 영적 그리고 전문적 성장을 나타내고 있는가?
⑤ 나는 날마다 여유 있는 시간을 가지며, 창조적으로 생각하고 있는가?
⑥ 나는 일을 분담하고 그 일이 잘될 것을 확신하고, 일정기간 리더십 역할을 떠날 수 있는가?
⑦ 조직 속에서 새 지도자들을 발견하고 있는가?
⑧ 나의 동역자들이 효과적으로 역할을 분담하고 있는가?

제3장

비전의 설계

1. 기획

1) 교회가 세운 목적과 목표를 성공적으로 달성하기 위해서는 기획이 필요하다.

일반 행정이나 경영에서는 기획(企劃)의 비중을 중시한다. 그래서 최고행정가 아래 기획부서를 설치하는 것이 당연한 일로 받아들여지고 있다. 기획(Planning)이란 "목표를 가장 효율적으로 달성하기 위해서 수행되어야 할 일과 이것을 수행하는 방법들을 객관적으로 짜내는 것" 이다(Lutter Gulick)

2) 같은 계획이면서도 하위개념으로서 program과 project가 있다.

program은 흔히 사업계획이라고 불리며, 비교적 복합적인 대단위 사업계획을 가리키고, project는 세부사업계획 또는 단위사업계획을 가리킨다.

3) 계획(Plan)은 "기획"을 통해서 나타나는 최종산물이다.

기획은 비전에 의한 목표달성을 내다보고 앞으로 할 행동수단으로 한계를 설정하는 것이다(Waterston). 목표를 달성할 수 있는 최적의 수단을 모색하되, 예상되는 결과의 일정한 범위내에서 이루어지도록 통제를 가하는 것이다.

2. 기획의 역할

1) 동기 부여의 원동력

기획은 목표를 달성하려는 노력의 촉매의 역할을 해야한다.

2) 자원의 효율성

기획은 제한된 자원을 가지고 일정기간내 최대한의 효과를 거두기 위한 합리적 수단이어야 한다.

3) 수행과정에 대한 대비

기획은 목표 수행과정에서 일어나는 만일의 사태에 대해 대처할 수 있는 길을 열어주어야 한다.

4) 통제의 수단

계획은 조직의 활동이 목표에 일치되도록 스스로 확인하는 효과적인 통제가 수단이 되게 하여야 한다.

5) 경비의 절약화

기획은 가장 바림직한 것을 선택함으로 경비를 절약하고 비생산적인 활동은 억제 되어야 한다.

6) 성과측정 가능성

기획은 업무수행 과정에서 효과적으로 측정할 수 있는 기준을 마련해주어야 한다.

7) 전체적 운영의 파악과 관리의 수단

기획을 함으로 조직의 책임자는 조직내의 전반적인 업무수행상황을 명확하게 파악하고 목표의식을 뚜렷이 가지고 관리를 효율적으로 수행할 수 있게 된다.

3. 기획의 원칙

1) 기획은 목표를 실현하기 위한 것이므로, 기획은 반드시 목적의식이 뚜렷해야한다.

2) 기획은 장래에 대비하는 과정으로 가급적 정확한 판단 근거에 입각한 과학적이고 합리적인 예측이 가능해야한다.

3) 기획은 누구나 이해할 수 있도록 간결하고 명료하게 작성하여 일반인이나 관계자가 이해하기 쉽도록 간소하고 단순하여야 한다.

4) 기획은 계속적으로 수행해야 하므로 일관성과 안정성이 있어야 한다.

5) 기획은 불가피한 상황이 발생했을 경우를 대비해 적절히 대응할 수 있도록 항상 변화가 가능한 신축성을 가지고 있어야 한다.

6) 기획은 종합적인 계획의 수립이므로, 모든 부문이 균형있게 발전될 수 있도록 작성되어야 한다.

7) 기획은 가급적으로 현재 활용할 수 있는 모든 자원을 최대한 활용할 수 있도록 계획하고, 최소의 비용으로 최대의 효과를 낼 수 있도록 경제적으로 수립해야 한다는 원칙이다.

8) 기획은 목적과 목표가 이루어질 때까지 계속성을 유지할 수 있도록 수립해야 한다.

4. 기획의 종류

1) 장기기획은 5년 ~ 10년에 걸치는 기획이고, 중기기획은 약 5년을 기간으로 하는 목표기획이며, 단기기획은 1년을 목표로 하는 기획이다.

2) 인적기획은 인력수급계획이다.

3) 물질적 기획은 물건(비품)과 공간 활용 기획이다.

4) 재정기획은 자금수급기획이다.

5) 행정기획은 교회의 제반활동을 행정적으로 지원하는 기획이다.

반드시 기획해야 할 것은 교회의 예배, 교육, 선교, 소그룹, 봉사기획과 당해 년도에 해야 하는 특별사역의 기획이다.

5. 기획자

1) 기획자를 누구로 할 것인가 하는 것은 중요한 문제이다.

교회의 행정책임자인 목회자가 직접 기획을 하는 경우가 있는데, 목표설정의 기본 방침결정까지는 가능하겠으나 세부기획은 전문지식을 가진 실무진과 함께 하는 것이 좋다.

2) 기획 요원은 다음과 같은 자격을 갖춘 사람을 뽑는 것이 좋다.

(1) 교회 관리 전반에 관해 풍부한 지식과 경험을 가지고 있는 사람.

(2) 상황의 변화에 민감하게 대처할 수 있으면서 창의력과 기획능력을 가지고 있는 사람.

(3) 목회자의 목회철학을 알고 교회 안에서 정책결정을 할 수 있는 사람.

(4) 각 부서의 책임자이거나 밀접한 관계를 유지하면서 그들의 지식을 활용할 수 있는 사람.

3) 기획팀(기획실)의 주요업무

(1) 통계 및 자료수집 업무

(2) 지역사회와 교인들의 필요사항(Need) 조사

(3) 계획수립 및 세부계획 작성

(4) 프로그램 개발

(5) 업무개발 및 개선 연구

(6) 교회안의 시설을 비롯한 자원 활용방안의 연구

(7) 기획된 일의 예산초안의 작성

4) 기획팀 구성원의 인선은 목회행정상 대단히 중요하다.

그러므로 목회자가 직접 임명해야 하며, 적임자가 없거나 아주 작은 교회에서는 기획팀을 두지 않고 목회자와 기관의 책임자들과 일을 분담수행하는 것이 좋다.

6. 기획의 중요성

1) 기획이 없으면 교회는 각자 연관이 없는 활동들의 혼란에 빠지게 된다.

효과적이고 지혜로운 기획(수립)은 교회의 양적, 질적 성장에 큰 영향을 미친다. 어떤 사람은 교회에서의 기획이 하나님의 자유로운 활동을 제한하게 된다고 할지도 모르겠으나 그것은 매우 잘못된 생각이다. 오히려 말씀과 기도중에 기획된 행정은 목표달성에 시행착오와 인력, 물력, 시간 등의 낭비를 막으므로 하나님께 칭찬받는 기회가 될 것이다.

2) 기획과정에서 의사결정(decision-making)

기획과정에서는 의사결정이 요청되는데 ① 단독결정 ② 합의결정 ③ 합의를 통한 단독결정, ④ 단독결정을 통한 합의결정 등으로 구분할 수 있다.

위의 어느 결정이든지 지도자의 능력, 조직의 형태, 피지도자의 수준 등에 따라 융통성 있게 사용되어야 하지만, 교회에서는 목표자의 단독결정을 통하여 합의결정에 이르는 것이 바람직하다고 본다. 그러나 모든 문제가 아니고, 인사문제, 조직문제, 목회방침, 목회기획 등 중요한 안건은 목사에게 의사결정의 주도권을 주는 것이 바람직하다는 것이다.

3) 계획을 수립하기 위해서 "기획회의"를 소집·진행하는 요령은 다음과 같다.

⑴ 목회자는, 기획팀이 작성한 "월간 사업 및 예산 집행계획서"에 대하여, 사전 의견을 조정하고, 교회내의 기관장(각 부서장과 자치회장)회의를 매월 또는 매분기에 목회자가 소집 · 진행한다.

⑵ 기획위원회의 안건은, 기획팀이 미리 각 부서(기관)로부터 수집한 사업계획서, 예산요구서, 기타 자료들을 토대로 해서 작성한다.

⑶ 기획위원회의에서는 주로 목표를 달성을 위한 방안들을 논의하지만 비전에 일치되는 새로운 목표를 도출할 수도 있다.

⑷ 기획회의는 2단계로 진행하는 것이 좋은데, 첫단계는 목회자와 기획위원이 모여 정보나 아이디어, 또 이미 제출된 예산 요구사항이나 프로그램들을 평가하여 우선순위를 정하고, 두 번째 회의는 구체적인 종합계획서를 만드는 것이다.

⑸ 기획팀이나 기획회의에서 반드시 고려해야 할 사항은 다음과 같다.

① 비전과 목표를 확인·재검토 할 것

② 방침을 확인할 것

③ 도전적·향상적 계획을 수립할 것

④ 실행 가능한 계획을 수립할 것

⑤ 측정 가능한 계획을 수립할 것

⑥ 교인들의 활동분담표를 작성할 것

(어느 일을 어느 부서 또는 누가 맡아서 언제까지 완료한다는 것을 정할 것)

⑦ 활동평가 기준을 세우고, 정기적인 진척도 심사표를 작성 할 것

⑧ 소요자금과 자원의 조달방법 및 배분계획을 작성할 것

⑨ 보다 세부적인 집행계획을 수립할 것

(또는 담당 집행부서로 하여금 수립하게 할 것)

4) 신년도 목회계획안 수립일정표는 다음과 같다.

(1) 8월중 신년도 목회계획서 작성
(2) 9월 초순 신년도를 위한 목회 기본방향 및 중요정책 결정
(3) 9월 중 계획을 위한 기관장회의 소집
(4) 10월 초순 각 기관 사업계획 및 예산안 제출
(5) 10월 중 각 기획팀에서 목회 기본 방향에 따른 기관 사업계획안 검토
(6) 11월 중 각 기관이 예산안을 수정 정리 제출'
(7) 11월 신년도 교회 전체 예산안 편성(예산위원회)
(8) 11월 30일까지 신년도 사업계획 및 예산안 확정
(9) 12월 당회·구역회·총회 신년도 교회 예산안 통과 및 임원 선출
(10) 12월 마지막 주일 청지기직 발표(임원 및 제직, 각 기관 봉사자 명단)

5) 교회목표에 의한 목회계획

아래 표는 새들백교회의 연간 주요 계획표다. 각 달마다 교회의 5대 목적을 균형있게 강조하고 있음을 볼 수 있다.

10월	등록교인의 달 소그룹 강조	11월	사역자의 달 교회 사역 전시회	12월	선교의 달 크리스마스 이브행사 지역사회 전도
1월	성숙의 달 개인성숙 계획	2월	등록교인의 달 가족강조	3월	성숙의 달 성장세미나
4월	선교의 달 부활절 축제	5월	사역의 달 리더들이 인저/시상	6월	예배의 달 예배 축제
7월	선교의 달 여름 성경학교	8월	교역자, 직원들 휴가	9월	성숙의 달 교리 강조

7. 목표설정

1) 목표설정원칙

① 명확한 성장 목표를 세우라. 하나님이 기뻐하시고 교인들이 공감할 수 있는 성장 목표를 세울 것

② 목표달성 기간을 정하라. 구체적이고 실현가능한 시간표를 만들 것

③ 목표를 전교인에게 철저히 주지시켜, 전교인이 강력한 목표 의식을 갖도록 할 것.

④ 목표를 재검토하고 지속적으로 보완해 나가라.

(1) 명확한 목표를 설정

명확한 목표를 설정할 때 ① 외부환경을 분석하라, ② 내부요구와 능력 분석하라, ③ 유리한 조건과 불리한 조건을 검토하고 문제점을 점검하라, ④ 목표의 우선과제를 설정하라

(2) 외부환경을 확인하라.

① 주변지역의 인구변동추세

② 교회의 지정학적 위치와 사회경제의 변화추세

③ 주변지역의 주거시설 개발 및 개발전망

④ 주변지역의 종교시설, 병의원, 학교, 사회복지시설, 봉사활동 상황

⑤ 주변 지역의 취미, 오락, 레저, 스포츠시설 현황과 전망

⑥ 주변 지역의 교통상황

⑦ 지역 주민들의 일반적 가치관, 교육수준, 생활수준, 희망과 종교성향

(3) 내부 환경을 확인하라.

① 교회의 소유 또는 이용가능한 인적·물적·재정적 자원목록(교인수, 시설규모, 재정규모, 교인들의 능력, 헌신도 표)을 만들 것.
② 교회의 과거 업적을 알 것
③ 교회가 비전을 이루는데 유리한 조건과 특별히 문제가 되는 장애요인, 방해물, 약점이 있는지를 조사할 것.(자금동원능력, 특별한 기술보유자, 부정적생각, 현실만족, 나쁜환경 등)

2) 목표설정의 실제

(1) 목표설정의 실제에 있어 칼 조지(C.F. George)와 로버트 로건(R.E. Logan)은 그들의 책 "Leading and Managing your church"에서 목회자들에게 규칙적으로 주 계획(1시간), 월 계획(4시간), 분기계획(6~8시간)과 연 계획(2~3일)을 세우는 습관을 가지라고 권고한다.

목표설정의 아이디어를 산출하는 일에 다른 사람들과 협력하라 가능한 한 많은 사람을 목표설정과 계획수립과정에 참여시키라 사람들은 자신들이 참여한 일에 대해서는 책임의식을 느끼기 때문에 사람들로부터 가능한 한 많은 의견을 얻어내고 그들이 목표를 구체화하는 일을 도울 수 있게 해야 된다. 교인들이 중요하게 생각하고 있는 관심사와 안건들을 들을 때 특히 "여론 형성자"(opinion maker)에게 초점을 맞추어서 행하는 것이 좋다. 그들의 지원이 없다면 어떠한 사역목표의 수행도 어렵기 때문이다.

(2) 교인들로 하여금 교회의 선교사명을 각성시키기 위해서 교회의

선교사명에 관한 적절한 성경구절들을 검토하게 하고, 목사의 목회철학을 설명하라. 그들로 목표의 우선순위를 결정하게 하라. 그렇지 않으면 그들은 절대적인 사역은 제쳐놓고 차선인 선한 사업을 선택할 가능성이 많다. 그러므로 모든 사람의 의견을 종합하는 철저한 과정을 거친 다음에 반드시 우선순위를 정하라.

(3) 목표는 "설정"이 되어도 그 목표가 현실화되기까지에는 다음 단계의 과정이 절대로 필요하다. 그것은 목표의 "공유"단계이다.

아무리 훌륭한 목표를 설정했다 하더라도 다른 사람들로 하여금 그 목표에 참여하도록 격려하는 것을 소홀히 한다면 불충분하다. 어떤 목표를 효과적으로 성취하기 위해서는 사역에 참여하는 사람들이 그 목표가 자신의 목표가 될 때 동역하게 된다는 것을 명심해야 한다.

훌륭한 목표는 "우리의 목표"이고, 나쁜 목표는 "당신의 목표"이다

3) 목표의 공유를 위한 홍보

목표는 모든 교인들에게 철저히 주지시켜야 된다. 나팔을 불 때 모두가 들을수 있어야 한다. 그러므로 수보, 상난 선변 현수막, 각종 모임과 교회에서 발행하는 모든 인쇄물 그리고 예배시간 마다 광고와 기타 시간에 지속적으로 강조하고 홍보해야 한다. 또 사석에서도 성도들끼리 "교회목표"를 질문, 홍보, 확인하는 것이 좋다. 그래야 교인들이 그 목표가 자기들의 것이라는 "주체적 목표의식"을 가지게 된다.

로버트 슐러(R. Schuller)는 성공적인 성장목표를 세워서 목표를 교인들에게통하는 최상의 방법은 그들의 마음에 심어 머리에 영상화하기 위해 전교인들에게 기도로 확산시키라. 기도는 모든 것을 변화시킨다. 그리고 목표에 대한 믿음에 확신을 갖게 한다.

(1) 목표의 설정

① 이해하기 쉬운 용어로 명백하게 기술한다.
② 하나의 진술에 한 개의 목표만 포함시킨다.
③ 교인들이 달성할 수 있다고 믿을 만한 설득력 있는 목표이어야 한다.
(관리가능한 목표)
④ 교인들을 자극하고 동기부여할 수 있는 목표이어야 한다.
⑤ 구체적이고 양적, 질적으로 그리고 시간적으로 측정할 수 있어야 한다.
⑥ 현재 소유 또는 사용가능한 자원과 그보다 도약하는 목표를 세울 것
⑦ 교회의 비전(목적)의 통제 안에 있는 목표이어야 한다.

(2) 각종 홍보물 사용

주보에 "목표"를 기재할 때 금년도 목표 i) 전도 50가정, 출석 200명, ii) 고그룹 30개 번식은 모두 측정 가능한 목표이다.

목표를 세울 때 일반적으로 목회자가 하지만, 가능한 한 많은 계층의 교인들이 참석케 하기 위해 그 세운 목표가 교인들 자신의 목표로 삼을 수 있도록 하기 위하여 교회 모든 통로 매체로 홍보해야 한다.

4) 목회자의 리더쉽

(1) 성경에 나타난 리더쉽

성경에 나타난 목회자의 리더쉽은 특별한 성격을 가지고 있다.

일반적으로 리더쉽이란 어떤 목적을 달성하기 위하여 개인의 특성, 영향력, 특정한 직위에 부여된 권한 등을 활용하여 목표를 성취하는 능력인데, 이 형향력이나 능력은 권위적이고, 지휘하고 다스리는 면이 강하게 포함되어 있다. 그러나 성경에서 강조하는 지도자는 섬기는 사람, 희생하는 사람으로 나타나 있다.

우리는 이 사실을 마태복음 20장 26-28절에서 "너희 중에 누구든지 크고자 하는 자는 너희를 섬기는 자가 되고 너희 중에 누구든지 으뜸이 되고자 하는 자는 너희 종이 되어야 하리라. 인자가 온 것은 섬김을 받으려 함이 아니라 도리어 섬기려 하고 자기 목숨을 많은 사람의 대속물로 주려 함이니라"고 예수님께서 친히 말씀하신 것을 통해 주님은 지도자를 섬기는 사람, 혹은 종이라고 하셨다.

(2) 목회자의 두 가지 딜레마

피터와그너박사는 목회자들은 거의 누구나 끊임없이 두 가지 딜레마에 부딪히게 된다고 했다.

두가지 딜레마란 ① 겸손하면서도 강력해야 하는 것과, ② 섬기면서도 지도자가 되어야 한다는 것이다.

① 겸손한 동시에 강력해지는 것

그리스도인은 누구나 성경을 통해서 교만하지 말라고 배운다. "하나님이 교만한 자를 물리치시고 겸손한 자에게 은혜를 주신다 하였느니라"(약 4:6) 목회자들은 겸손을 가르치고 자신들의 생활에서 그것을 나타내고자 애쓴다.

그런데 힘과 겸손은 매우 반대되는 것같이 보이지만 사실상 그렇지 않다. 예수께서도 "누구든지 자기를 높이는 자는 낮아지고 자기를 낮추는 자는 높아지리라"고 말씀하시면서 이 점을 분명하게 밝히셨다. 위의 성경구절에서 능동형은 우리의 의무를 보이고 있고, 수동형은 하나님의 응답을 나타내고 있기 때문이다.

② 섬기는 동시에 지도자가 되는 것

사도 요한과 야고보는 한때 자신을 높이고자 했다. 그때 예수께서는 지도력에 대한 가장 심오한 교훈을 모든 제자들에게 가르치셨다. 먼저 그들에게 그리스도인 지도자들은 저희에게 권세를 부리는 이방인과 같이 되지 말라고 말씀하셨다(막 10:42). 그리고 예수께서는 "너희 중에 누구든지 크고자 하는 자는 너희를 섬기는 자가 되라"(막 10:43)고 말씀하셨다.

그는 하나님 나라에서의 지도력은 강압이나 자기과시를 통해서 오는 것이 아니라하시고 손수 제자들의 발을 씻기셨지만 그의 공생애 동안 예수의 생각이나 제자들의 마음에 누구도 예수님이 지도자인가에 대한 의심을 품은 사람은 없었다. 그러므로 섬기는 것과 지도력은 서로 모순되는 것이 아니라 합치되는 것이다.

③ 오늘날의 섬기는 지도자

데이븐포트 (Dewayne Davenport) 는 "설교자들이여! 지도 하는 것이 하나님께서 당신에게 주신 책임이다. 움추러들지 말 라."고 충고한다.

오늘날 성장하고 있는 교회의 지도자들은 결코 움츠러들지 않는다. 그들은 자신의 약함 속에서 기적적으로 놀라운 하나님의 능력을 경험한다.

사도 바울은 자신을 종으로 언급했다. 그러나 그의 권위는 놀라운 것이었다. 그는 예수 그리스도의 종이 되는 동시에 사도가 되는 것에 아무 모순도 느끼지 않는다. 그는 주저하지 않고 "너희는 나를 본받는 자가 되라"(고전 4:16, 11:1 참조)고 말했다.

④ 섬기는 지도자 (종의 리더쉽)

목회자는 지도자이지만 "섬기는 역할을 하는 지도자"이다. 교회행정에 있어서의 지도자는 '섬기는 역할'을 해야 한다.

목회자가 해야 할 섬김의 역할은 다음의 세 가지를 지적한다(엡 4:11-12). ① 성도를 섬기는 일 ② 성도를 온전케 하는 일 ③ 그리스도의 몸을 세우는 일(교회를 세우는 일)이다.

베드로는 현실적인 "목양의 자세"를 다음과 같이 제시해 주고 있다.

"너희 하나님의 양무리를 치되 부득이함으로 하지 말고 오직 하나님의 뜻을 좇아 자원함으로 하며 더러운 이를 위하여 하지 말고 오직 즐거움으로 하며 맡기운 자들에 게 주장하는 자세를 하지 말고 오직 양무리의 본이 되라"(벧전 5:2-3).

5) 목회자 리더쉽의 확립

(1) 권위가 있어야 된다.

① 인격적 권위

목회자는 먼저 인격적 권위를 지녀야 한다. 목회자가 되기 전에 먼저 훌륭한 인격자가 되어야 한다.

성서는 "너희 의가 서기관과 바리새인보다 낫지 못하면 결단코 천국에 들어가지 못한다"고 말씀하셨다. (마 5:20)

목회자는 특히 금전 문제와 이성문제에 대해서 깨끗해야 한다.

일반적으로 목사안수를 받았다는 것으로 권위를 세우려 하는 이가 있으나 그것은 참된 권위가 아니다. 목회자의 권위는 어디서부터 나오는가?

㉠ 경건한 삶에서 나온다. 여호와께서 이스라엘 백성을 향하여 하신 말씀이 "내가 거룩하니 너희도 거룩할지어다"하셨다. 목회자의 거룩함은 거룩한 분과 깊은 교제에서 나오는 것이다.

㉡ 다음으로 목회자의 건강과 외모에 대해서 생각해 보자.

목사가 건강을 잃으면 모든 것을 잃게 된다. 그러므로 목회자는 항상 건강관리에 유의해야 된다.

기독교인 중에는 "하나님께서 외모로 사람을 취하지 아니하신다"는 성경말씀 때문에 외모를 경시하는 사람들이 있다. ㉢ 하나님께서는 사람의 가치를 그 외모로 판단하지 아니하시나 인간들은 다르다. 목사는 인간들 속에서 인간을 다루어야 하는 사람이기 때문에 특별히 외모에도 신경을 써야 된다. 품위를 갖출 수 있는 복장을 입어야 하고, 사람들의 존경과 호감을 살 수 있는 인간적인 매력과 품위를 지녀야 한다. 그러므로 말 한 마디 한 마디와 일거수일투족을 신중하고 위엄있게 행동해야 한다. 그리고 ㉣ 표정은 항상 밝고 명랑해야 된다.

② 지적 권위

목회자는 지적 권위를 가져야 한다.

목사는 교사이므로 지식면에서 성도들보다 앞서야 한다. 그러므로 자기 공부방에서 평생 공부해야한다. 또 목회자는 교회와 교계의 모든 정보를 비롯한 목회현장에서의 정보와 전문지식도 갖추어야 한다.

③ 영적 권위

목회자는 영적 지도자이므로 무엇보다도 영적 권위를 지녀야 한다. 이 권위는 하나님께로부터 부여되는 신적 권위이며 , 따라서 목회자는 끊임없이 영성(Spirituality)에 힘을 쏟아야 한다.

기독교 영성은 성령의 능력으로 그리스도와의 인격적 교제의 삶을 통해서 온다. 그러므로 목회자는 기도와 말씀을 통해 끊임없이 하나님과의 영적 교제를 해야 한 다.

성장하는 큰 교회의 지도자들은 대부분 은사가 확실한 지도자들이다. 그들이 가지고 있는 지도자의 권위는 직분이나 교회의 전통에 의한 것이 아니라 성령의 능력이 그들 가운데 나타나기 때문이다.

(2) 주의 제단에 온전히 헌신해야 된다.

헌신하지 않는 지도자는 참지도자가 아니다. 확고하고 전적인 헌신으로 주님을 위해 죽을 각오를 할 때 비로소 강력한 지도력이 나온다.

순국의 각오로 나라와 겨레에 헌신한 사람만이 참애국자요 민족지도자인 것과 같이, 순교의 각오를 가지고 주님과 교회에 헌신한 목회자만이 참목회자요 강력한 리더쉽을 갖게 된다.

어떤 사람이 행복한가? 미친 사람이다. 무엇에라도 하나에 미친 사람은 행복하다.

(3) 섬기는 자가 되어야 한다.

이 세상의 지도자들은 사람들을 지배하기를 원하고, 개인의 인격의 중요성을 인정하지 않으며, 다른 사람의 견해에 대하여 수용하기를 거부한다. 그러나 예수 그리스도께서는 큰 자가 된다는 것은 종이 되는 것이라고 말씀하셨다.

목회자의 리더쉽은 ①세상의 지도자들처럼 자기-중심(Ego-Centric)적이 아니고 하나님-중심적(God-Centric)이고, ②독립적이 아니라 하나님께 의지하는 것이며, 다른 사람을 명령하는 즐거움이 아니라 ③하나님께 복종하는 기쁨이요, ④자기 스스로의 결정이 아닌 하나님의 뜻을 발견하기 위해 노력하는 것이다. 한 가지 더 알아야 할 것은 , ⑤목회자는 주님의 종으로서 교인들을 섬기는 사람이지만 동시에 교회 전체를 지휘 통솔해야 하는 지휘관 (지도자) 이라는 사실이다.

그러므로 "종과 권위" 그리고 "섬김과 지휘"의 조화가 필요한데 이 양자의 조화를 잘 하느냐 못 하느냐에 따라서 목회자의 리더쉽의 성패가 결정된다.

(4) 위대한 꿈(비전)과 선견지명을 가져야 한다.

김상복은 지도자는 비전의 사람이다. 꿈과 이상이 큰 사람이 지도자라고 했다.

그러므로 지도자는 조용히 앉아서 말씀을 묵상하는 시간을 많아 특별이 하나님께서 주신 비전을 분명히 하기 위해 늘 비전과 목표가 머릿속에 꽉 차서 자기도 모르게 그 비전을 향해서 움직여 가고 온 교인들을 한마음으로 그 목표를 공유하게 하여 전진할 때 꿈과 목표가 이루어져 교회가 성장하게 된다.

(5) 소통의 귀재가 되도록 노력해야 한다.

자기의 뜻을 정확하고 효과적으로 전달할 수 있는 능력이 있어야 한다. 사람들이 내가 가지고 있는 꿈을 같이 볼 수 있도록 그리고 내가 본 꿈에 대해서 함께 열정이 생기도록 그것을 정확하고 확실하고 분명하고 쉽게 말해 줄 수 있는 능력을 개발해야 한다. 사람은 한 번 들은 것은 사흘이 지나면 85%는 잊어버린다고 한다. 그러므로 우리의 의사전달은 듣는 사람을 중심으로 해야 한다.

부흥목사들이 수천 명의 군중을 앞에 놓고 웃겼다 울렸다 할 수 있는 것은 그들의 설교내용도 좋지만 그 표현력(연기법)이 훌륭하기 때문이다. 공산국가에서는 학교나 기업이 쉬는시간마다 반복해서 사상교육을 시키고, 특히 배우를 우대하며 연극, 영화를 통한 사상전파에 전력을 다하는 것을 우리는 잘 알고 있다.

(6) 합법적으로 많은 권한을 가져야 한다.

강력한 지도자가 되려면 법적으로도 강력한 권한(제도화된 합법적 권위)을 가져야 한다. 그러나 그것은 구성원들이 지도자의 권위를 부여하고 인정할 때 가질 수 있다.

비록 교회의 원로목사가 영적, 인격적 그리고 지적 권위가 있다 하더라도 교회에서 법적으로 부여된 권위(권한)가 없으므로 강력한 리더쉽을 발휘하기가 어렵다. 어떤 조직에서든지 ① 인사권 ② 재정권 ③ 결정권을 가진 사람이 실권자가 되며, 리더가 되는 것이다.

(7) 공평무사해야 한다.

지도자는 공평무사해야 강력한 리더쉽을 발휘할 수 있다. 지도자가 사리사욕에 빠지거나 불공평하면 추종자가 따르지 않는다. 그러므로 매사에 사리사욕을 버리고, 공평한 지도를 하려고 노력해야 한다.

(8) 솔선수범해야 된다.

목회자는 양떼를 뒤에서 몰고 갈 때도 있으나, 양떼의 앞에 서서 양떼에게 본을 보여 주어야 한다. 편한 일, 좋은 일은 “After you (당신이 먼저 하세요) ” 하고 어려운 일, 궂은 일은 “Follow me (나를 따르라)”하는 솔선수범이 있어야 한다.

(9) 지도력(리더쉽)을 배워야 한다.

리더쉽은 사람이 타고나는 것(자질)인가?, 후천적으로 배우는 것인가에 대해서 논란이 많다.

1960년대 이후부터는 지도자를 만든다는 이론으로 바뀌었다. 즉 훌륭한 지도자는 배워야 한다는 것이다.

8. 회의 진행법

1) 회의의 중요성

각종 "회의"를 통해 참여자들의 지식과 경험을 통합하고 사고를 집중 통일시켜 집단적 힘을 끌어내어 목표를 이루어 내는 효과가 있는 반면 많은 시간과 비용을 소비하므로 비효율적이고 책임소재가 불명확하게 될 뿐 아니라 갈등과 분쟁을 가져오는 단점도 있다. 그러므로 회의를 주체하는 지도자는 많은 기도와 준비를 하고 회의를 통해 꼭 필요한 목표(결론)에 도달할 수 있다는 결론이 설 때만 해야 한다. 왜냐하면 회의를 하고 교회나 공동체가 분열되기도 하기 때문이다.

회의의 가치는 한 사람의 의견보다는 각자의 경험과 지식이 다르므로, 많은 사람의 의견이 우수하다는 점에 있다.

2) 회의의 기능

(1) 문제해결 조정 기능

집단 안에 여러 가지 주장과 이해 관계 대립 시 단결과 연합이 필요할 때 회의를 통해 공동체를 하나로 결집하고 또 공동의 목적 달성을 위해서 행동통일을 하려고 하는 것이 문제해결 조정기능이다.

(2) 자문 기능

회의를 통해 결정권자가 효과있는 결정을 하기 위해서 전문가와 이해 당사자의 조언과 자문을 구하는 회의가 자문 기능이다.

(3) 교육훈련 기능

회의에 있어서 참석자들은 자기의 의견과 경험을 발표함과 동시에 어떤 문제에 대한 타인의 지식과 경험을 흡수하고 배우게 되는데 이것이 교육훈련 기능이다.

(4) 의사소통 기능

조직체는 각 부문간, 각 개인간의 의사소통이 원활해야 제 기능을 발휘할 수 있는데, 회의를 통해 구성원들에게 상부의 방침이나 계획을 알리고, 하위직의 애로사항이나 감정을 상부에 알리는 기능이다.

3) 회의의 준비

(1) 먼저 회의의 목적과 이유를 분명히 할 것
(2) 회의의 도달목표(안건명, 의제)를 정할 것
(3) 회의 참가자의 범위를 결정할 것
(4) 회의 순서를 결정할 것
(5) 회의 일시. 장소를 정할 것
(6) 회의 자료를 준비할 것
(7) 참가자에게 통지할 것(자료 송부)
(8) 회의 개최 전에 다시 한번 회의 준비상황을 점검할 것.
① 회의목적은 확실히 결정됐는가?
② 회의순서는 결정됐는가?
③ 참가자는 결정되었나?
④ 내빈 , 강사는?
⑤ 참가자에 대한 소집통고서와 회의자료는 발송했나?
⑥ 참가자에 대한 분석은 완전히 했나?
(지식과 경험, 말이 낳은가 적은 가?)
⑦ 필요한 참고자료는 빠짐없이 준비되었나?
⑧ 개회사의 준비는?

⑨ 질문과 답변자료는?
⑩ 예정시간과 진행은?
⑪ 집행부서(회의진행 담당자)는 구상되었나?
⑫ 제안설명은 누가 하나?
⑬ 질문에 대한 답변은 누가 하나?
⑭ 기록은 누가 하나?
⑮ 모든 보고서의 작성과 보고준비는 되었나?
⑯ 보고서 등의 인쇄물은 완전히 준비되었나?

"30분간의 사전준비가 3시간의 회의시간 낭비를 막을 수 있다."

4) 장소의 준비

(1) 쾌적한 장소인가?
(2) 시간은 충분한가?
(3) 회의장의 넓이, 조명은 적당한가?
(4) 환기장치는?
(5) 시끄럽거나 불결하지는 않은가?
(6) 온도, 음향의 효과는?
(7) 명패, 필기도구는?
(8) 의석의 배치는?
(9) 스피커, 프로젝트나 보드판 준비는?

5) 회의 진행 실재

(1) 회의 개회 는 정시에 하되 예배 또는 기도를 할 것
(2) 서기가 회원 점명 또는 점검을 하여 의장에게 보고할 것
(3) 서기가 없으면 의장은 먼저 서기를 임명(자벽)하거나 회에서 선출 할 것

(4) 의장은 회원 점명 후 적법하게 인원이 참석 했을 때 개회선언을 할 것.
(5) 서기가 전회의록을 낭독하여 통과시킬 것
(6) 회의순서를 결정하되, 모든 회의는 원칙적으로 보고사항, 미결사항, 새안건의 순서로 진행한다.
(7) 빼기거나 아는 체하지 말고 겸손할 것
(8) 누구에게나 공평하여 신뢰와 존경을 받도록 회의를 진행할 것
(9) 절대로 노하지 말고 인내할 것
(10) 타인의 비밀을 누설하고나, 비방하거나, 감정을 상하지 않도록 주의할 것
(11) 기지와 유머를 발휘하여, 화기애애한 분위기를 만들고 우정을 향상시킬 것
(12) 가급적 전원이 참여하여 소외자가 없도록 유도할 것
(13) 발언의 질을 높일 것
(14) 토론이 주제로부터 벗어나거나 비현실적이 되지 않도록 할 것
(15) 수시로 토론결과를 중간요약하여 알려 줄 것
(16) 최종결론은 명백하게 선포할 것.
(17) 회의의 질서와 예의를 유지하며, 회의의 규칙에 따라 회의가 진행되도록 법을 세울 것
(18) 올바른 결론으로 유도할 것
(19) 다음번 회의가 기다려지고, 꼭 참석하고 싶은 회의라는 생각이 들도록, 유쾌한 회의로 진행 할 것
(20) 의제의 반대자가 있거나 의장 자신이 의견을 피력해야 할 불가피한 사정이 발생할 경우에는 임시의장을 지명하여 사회 하게 하고 의장석을 떠나 의제를 설명함으로 회가 바르게 되게 할 것.
(21) 의장은 특별한 경우를 제외하고는 투표권 행사를 삼가 할 것.

6) 참가자의 태도

(1) 의견이 있으면 적극적으로 발언할 것
(2) 의제에서 벗어나지 않도록 할 것
(3) 타인에게도 의견을 표시할 기회를 줄 것
(4) 타인의 발언을 잘 들을 것
(5) 애매한 점이 있으면 질문하여 토의가 자기가 모르는 방향으로 흐르지 않도록 할 것
(6) 토의가 자기 생각과 다를 때에는 자기의 견해를 말할 것

• **의사절차**

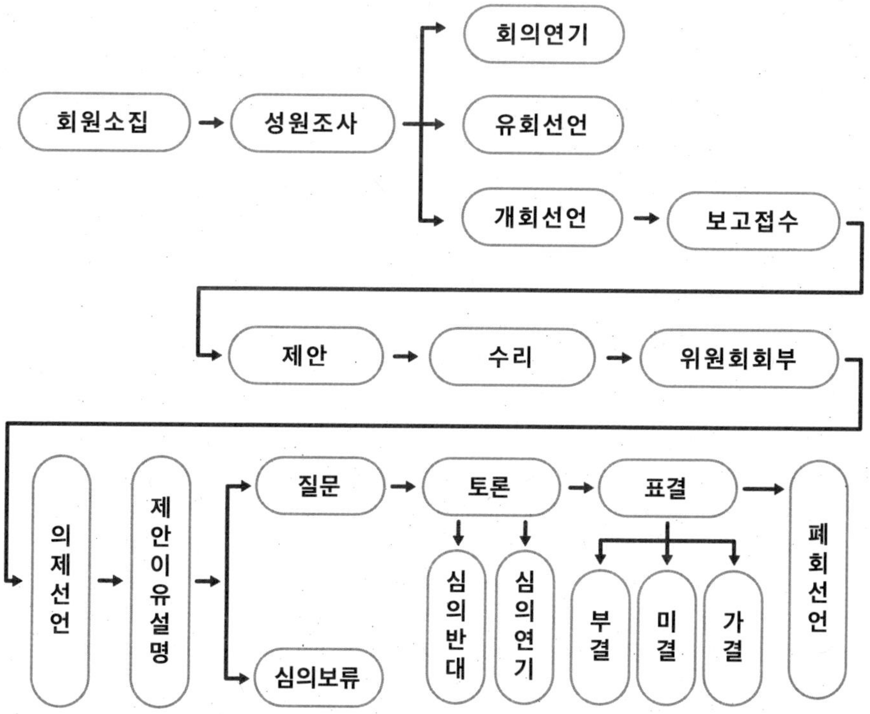

제4장

교회활동과 관리

1. 행정관리

1) 행정의 정의

행정관리란, 조직체의 목표를 실현하기 위해서, 가장 현명한 수단을 최대한으로 적용하여, 행정요소들을 합리화, 능률화 하는 것을 말한다.

2) 행정의 권위

권위란 조직의 규범에 의하여 정당성이 인정된 권력이다. 권위는 타인의 행동을 유도하기 위한 의사결정의 능력인 동시에 타인에 대한 영향력을 행사할 수 있도록 조직이 부여한 힘이다.

3) 행정관리자의 리더쉽

행정에 있어서 리더쉽이란 조직의 바람직한 목표를 달성하기 위하여, 조직내의 개인 및 집단의 의욕을 고무하고 능동적·적극적 활동을 촉진하며 개인과 집단의 조정을 통하여 협동적 행동을 하도록 하는 영향력이라고 할 수 있다.

(1) 리더쉽은 조직이나 집단이 달성하고자 하는 조직관리에 있어서 없어서는 안 될 불가결의 요소이다.

(2) 리더쉽은 그가 통솔하는 조직이나 집단 전체의 목표와 그 자신의 권위에 입각하여 추종자의 행동에 영향을 미치는 한편, 그도 여러 가지 환경적 변수로부터 영향을 받기도 한다.

(3) 리더쉽은 지도자가 추종자에게 일방통행식으로 행동을 강요하는 것이 아니라 상호작용 과정을 통하여 발휘되는 것이다.

• 수령(boss)과 지도자(leader)의 차이

	수 령(보스)	지 도 자(리더)
①	구성원을 몰고 간다.	구성원을 지도한다.
②	권위에 의존한다.	호의에 의존한다.
③	공포감을 준다.	열심을 내게 한다.
④	'나'혹은 '내가'라고 한다.	'우리'라는 말을 사용한다.
⑤	잘못된 일로 비난한다.	잘못된 일을 수습한다.
⑥	과업을 어떻게 할지를 안다.	어떻게 할지를 가르친다.
⑦	'가라'라고 명령한다.	'같이 가자'라고 한다.

• 수장(head)과 지도자(leader)의 차이

	수 장(보스)	지 도 자(리더)
①	조직구조상의 체제로(법으로) 수장의 직권력이 유지된다.	구성원의 자발적 인정으로 지도자의 지도력이 유지된다.
②	수장의 권위는 조직(법)에 의해서 부여된 것이며, 처벌과 제제로 권위를 인정하게 된다.	구성원들이 지도자의 권위를 부여하고 인정한다.
③	구성원에게 위협과 강제로 공포감을 일으킨다.	구성원에게 작업의 방법을 가르치고 열심을 내게 한다
④	'우리'라는 공통감정과 공동의식이 없다.	'우리'라는 공동의식과 공통감정이 있다.
⑤	책임을 부하에게 전가시킨다.	지도자가 책임을 진다.
⑥	조직이 집단의 목표를 설정한다.	구성원들이 집단의 목표를 설정한다.
⑦	수정과 구성원간에 사회적 간격이 있다.	지도자와 구성원간에는 간격이 없거나 적다.
⑧	구성원의 희생으로 목표를 달성한다.	구성원을 분발시켜 목표를 달성하게 한다.
⑨	구성원에게 명령. 강제한다.	구성원을 감화시켜 스스로 하게 한다.

4) 리더쉽의 장애요인과 원칙

리더쉽의 장애요인으로는 1) 권력욕 2) 정서불안 3) 강박관념 4) 열등감 5) 자기정당화 6) 성적 욕구불만 7) 가학증 8) 부조화 등이 열거되는데, 이런 장애요인을 극복하고 성공적으로 리더쉽을 발휘하기 위한 원칙은

(1) 지도자로서의 위치를 확보해야 한다.
(2) 성실한 행동원칙을 확립하고, 지도하고자 하는 적극적 태도를 가져야 한다.
(3) 정당하고 복종 가능한 명령을 내려야 한다.
(4) 확정된 명령계통을 따라서 명령을 내려야 한다.
(5) 공.사관계의 확립, 즉 너무 지나치게 부하직원에 순화되어서는 안된다.
(6) 타직원 앞에서 특정인물을 과찬 또는 모욕하지 말아야 한다.
(7) 규율을 확립하고 유지하는 일에 많은 노력을 해야 한다.
(8) 하부직원에 대한 관심을 가지고, 그의 말을 경청해야 한다.
(9) 항상 지도자로서 자기성찰에 힘써야 한다.

5) 조정

(1) 조정의 정의

조정은 조직의 목적을 달성하려는 노력에 있어서 일치와 조화를 이룩하려는 과정이다. 즉 관리자와 실행자, 실행부서와 협력부서, 실행자와 실행자 사이에 조화와 협력을 가지려는 노력이다.

조정이란 일정한 목적을 향하여 조직성원의 활동, 기능이 조화를 이

루도록 결합시키는 것이다. 조정은 현대사회의 급속하게 변화하는 환경에 대응하고 적응해야 하는 조직의 유기적 통일을 확보하기 위해서는 무엇보다 조정기능이 필요하다.

(2) 조정의 유형

자율적 조정과 감독적 조정 : 조정은 행동주체의 입자에 따라서 자율적 조정과 감독적 조정으로 나누어진다. 자율적 조 정은 초정의 자율적 측면으로서 조직 구성원이 자기의 직무를 다른 직무의 조건에 맞추어서 수행하는 것이다.

한편 감독적 조정이란 조정의 타율적 측면으로서 상급자가 하급자에 대하여 감독작용으로서 행하는 조정이다.

(3) 조정의 저해요인

① 행정의 과도한 분업, 전문화
② 과도한 통솔범위
③ 부서 이기주의
④ 행정기관의 파벌
⑤ 지도자의 자질부족
⑥ 조직목표와 개인목표의 대립
⑦ 행정에 대한 정치적, 사회적 압력

(4) 조정방안

조정방안은 여러 가지가 있는데, 뉴먼(W. H. Newman)은 특별히 ①

조직의 간소화, ② 운영계획의 통일 ③의사소통의 원활화 ④ 조직구성원의 자발적 협조 ⑤ 감독을 통한 조정 등을 들었다.

6) 통 제

통제는 수립된 계획이 조직과 인사의 통로를 통하여 주어진 명령에 따라 실현되는가를 살피고 그 과오를 시정하는 일련의 행위를 뜻한다. 통제에는 이런한 소극적 활동 이 외에 문제점을 해결하는 적극적 활동도 포함된다.

(1) 기본적인 통제과정

① 기준과 성과의 비교 평가
② 차이의 원인분석
③ 차이의 시정
④ 문제점 해결

(2) 통제가 실효성을 거두기 위한 원칙

① 즉시성

통제의 목적은 주로 계획과 실시간의 편차를 발견해서 시정 하는데 있으므로 계획과 실시의 모든 단계에서 즉시성이 요구된다. 처음에는 적었던 편차가 시간의 경과에 따라서 점점 더 커지기 때문이다.

② 경제성(적량성)

통제는 정도가 적정해야 되며 경제적으로 해야 된다. 사소한 문제는 자체적으로 해결하게 하고, 평소에 눈에 잘 띄지 않았던 중요한 문제만을 중점적으로 통제하는 것이 좋다.

③ 적응성(효용성)

객관적 상황의 변화와 시간의 경과에 따라서 자료의 효용도 가 달라지므로, 이미 효용성이 없어진 보고나 자료를 요청한다든지 이미 없어진 과거지사를 조사하는 것은 바람직하지 못하다.

④ 융통성(신축성)

계획은 동적인 것이 아니고 정적인 것이기 때문에, 상황의 변화에 따라서 계획의 기본틀을 해치지 않는 범위 내에서 융통성을 발휘해야 한다.

⑤ 비교성

통제를 위해서 사용되는 모든 자료와 숫자들은 당초 계획된 그것들과 서로 비교할 수 있는 것이어야 한다. 즉 통제는 집행기관의 기준자료(당초 계획된 자료)에 준거해서 이루어져야 하며, 통제기관이 개발한 새 자료에 준거해서는 안된다.

⑥ 객관성

통제는 어디까지나 객관적으로 이루어지고, 비교·평가되어야 한다.

⑦ 인간적 접근

통제는 계획과 차이가 있으면 그것을 시정보완토록 하는 데 그쳐야지 인간적 문제까지 들춰 내는 것은 삼가야 한다.

2. 인사관리

1) 인사관리의 정의

① 세계 2차 대전 이전에는 사무직원과 생산직근로자 사이에 신분 격차가 분명했기 때문에 사무직원을 대상으로 하는 일련의 관리활동을 인사관리라 하고, 생산직근로자를 대상으로 하는 관리를 노무관리라고 했다.

현대에는 인사관리와 노무관리를 같은 뜻으로 해석하는 것이 지배적인 견해이다. 최근에는 인력관리 또는 인적 자원 관리(human resource management)라는 말로 인사노무관리를 대신하기도 한다. 이러한 인적 자원 관리의 개념은 인사관리의 개념에 비하여 인적 자원 기능을 한층 더 강조하고 있는 것이, 종전의 인사노무관리와의 다른 점이다.

② 일반적인 의미에서 인사관리란 조직체의 활동에 필요한 인적자원(인력)을 동원하고 관리하는 것을 말한다. 그러나 교회행정에 있어서의 인사관리는 "교회의 활동을 위해서 필요한 인원을 동원하여 은사에 따라 교육, 훈련, 배치, 유지, 관리하는 업무"라고 말할 수 있다.

"인사는 만사"라는 말이 있다. 이 말은 행정에 있어서 인사관리의 중요성을 강조하는 것인데 교회행정에 있어서도 같다. 교회사역 역시 하나님께서 하나님의 사람들을 통하여 이루시기 때문이다. 그러므로 목회사역의 성패는 (1) 목회자의 영성과 인격적인 자질 (2) 인사관리의 성공 여부에 달려 있다고 할 수 있다.

2) 교회 인사관리의 특수성

일반조직체의 인사관리와 비교해서 박완신은 「교회의 인사관리」는 다음과 같은 특수성을 가지고 있다라고 한다.

(1) 교회의 인사관리는 신앙우선주의이다. 즉 합리성, 능률성, 효율성보다도 신앙과 덕을 더 중요하게 여긴다.

(2) 일반조직체에서의 필요한 인력을 외부에서 모집하는 것이 원칙이나, 교회에서는 보통 내부 교인 중에서 필요한 인원을 동원해서 사용한다(자원봉사자). 물론 특별한 전문직은 외부에서 모집하기도 한다.

(3) 일반조직체에서는 직원에게 보수를 지급하는 것이 원칙이나, 교회에서는 원칙으로 보수를 지급하지 않는다. 물론 특별한 전문직에 대해서는 보수를 지급한다.

(4) 채용 자격이 엄격하지 않고, 직종이 전문화되어 있지 않다.

(5) 책임추궁이 곤란하며, 자율 통제적이다.

(6) 대체로 시간근무제이고, 승진제도가 확립되어 있지 않다.

(7) 교회는 친화적 공동사회(community)로서 구성원 개개인을 제 1 차적 목적으로 하는 단체이므로, 다른 이익단체의 인사관리와는 달라서, 교인(사람)을 어떤 목적달성의 수단으로 보지 않으며, 교회의 인사관리는 본질적으로 교인지향적이다.

3) 인재확보

(1) 인사관리와 인재

인사관리는 인재확보로부터 시작된다. 교회에서는

① 먼저 인재확보를 위해 기도하고

② 숨은 은사자를 찾아내고

③ 그들을 훈련하여 배치하고

④ 특수전문직을 모집하여 필요한 인력을 충당한다.

예수님께서는 제자들에게 "추수할 것은 많되 일군은 적으니 그러므로 추수하는 주인에게 청하여 추수할 일군을 보내어 주소서라고 기도하라"고 말씀하셨다(마 9:37, 38). 그러므로 우리는 늘 하나님께 교회에 필요한 일군을 보내 달라고 계속해서 기도해야 한다.

(2) 인재의 발굴과 실재

① 예수 그리스도에 대해 헌신한 사람

② 그리스도의 교회에 대한 사랑이 있는 사람

③ 사람들에 대한 진정한 사랑이 있는 사람

④ 성장하려는 욕구와 능력이 있는 사람

⑤ 다른 사람들과 함께 일할 수 있는 사람

⑥ 쉽게 좌절하지 않는 사람

⑦ 타인에게 존경받는 사람

⑧ 책임감이 강한 사람

⑨ 맡기려고 하는 직무에 능력(은사)이 있는 사람

4) 훈련

교회의 교육훈련에는 교인의 영적 성장을 위한 교육과 사역자를 양성하고 직무수행능력을 개발하기 위한 직무교육이 있다.

(1) 성장교육

① 교회학교 ② 새신자교육 ③ 성경연구 ④ 경로대학
⑤ 청지기교육 ⑥ 제자훈련 ⑦ 교양강좌

(2) 직무교육

① 임직훈련 ② 전도학교 ③ 제직세미나
④ 지도자교육 ⑤ 교사대학 ⑥ 교역자 세미나

(3) 교육과 훈련의 평가

① 필요성

교육훈련은 미숙련직원을 숙련직원으로, 또 사무직원이 관리직업무를 수행할 수 있도록 능력을 함양시켜 성공도를 측정하기 위하여, 인사담당 관리자는 이러한 교육훈련을 평가할 필요성을 느끼게 된다.

원래 교육·훈련의 효과는 당장 나타나는 것이 아니지만 그렇다고 해서 평가를 소홀히 해서는 안 된다. 그리고 교육·훈련의 평가는 종합인사관리시스템과의 연계성은 물론 교육·훈련의 전영역에 걸쳐서 이루어져야 한다.

② 교육훈련의 평가방법

교육훈련의 평가방법으로는 반응(reaction), 학습(learning), 행태(behaviour), 그리고 결과(results)가 있다.

(4) 반응

훈련내용 또는 과정에 대한 피훈련자의 반응을 측정하여 교육· 훈련의 성공도를 측정하는 것이다. 보통 조사용지에 무기명으로 솔직한 느낌을 적도록 한다. 반응측정의 결과는 차기의 교육·훈련에 반영한다.

(5) 학습

훈련내용을 피훈련자가 어느 정도 이해하였는지를 측정하는 것이다. 학습측정에는 필기시험방법이나 현장의 성과측정방법이 있는데, 효과적인 방법을 선택하여 사용하면 된다.

(6) 변화

교육·훈련을 통하여 피훈련자의 직무수행상 어떤 행동의 변화를 가져왔는지를 측정하는 것을 의미한다. 즉 학습 전과 후의 업무능력이 어떻게 이루어지는가를 측정한다.

(7) 평가과정

교육 · 훈련의 평가기준은 훈련의 실시 이전에 설정한다.

평가기준 → 사전검사 → 훈련실시 → 사후검사 → 직무배치 → 추가분석

사전검사는 교육·개발의 실시에 앞서 피훈련자의 지식, 기능 수준을 평가하는 것이다. 신임 사역자훈련의 경우 선발고사는 훈련의 사전검사로 활용될 수 있다. 교육·훈련을 실시한 사후검사를 통하여 지식, 기능의 향상도, 태도의 변화 등을 검사한다. 사전검사와 비교 한 결과 유효한 차이가 발견되면 교육·훈련의 전환과정이 이루어졌다고 판단할 수 있다.

5) 사기앙양

(1) 집단목표의 통일과 명확한 인식

집단 목표가 통일되어 있지 않거나, 조직목표에 대한 인식이 명확하지 않으면 사기가 저하되기 쉽다.

(2) 건강

육체적, 정신적 건강도 사기에 영향을 미친다. 가정문제나 건강이 좋지 않으면 근무의욕이 떨어진다.

(3) 근무조건의 향상

작업환경이나 근무조건이 좋으면 사기가 올라간다. 교인간에 의견의 불일치나 불화가 잇거나 불신이 있으면 사기가 떨어진다.

(4) 귀속감(일체감)

사람은 단체나 사회에 소속하고 다른 구성원들과 사귀려는 욕망이 있으며, 이런 귀속감과 일체감은 연대의식, 자부심, 책임감과 충성심을 가져온다.

(5) 성공감

자기가 발전하고 있으며, 자기가 바라던 것이 이루어지고 있다는 생각이 있으면 사기가 앙양된다.

(6) 안전감(안정감)

정서적으로 안정감을 가질 때 사기가 앙양된다.

(7) 개인가치의 인정

개인의 가치가 인정되어 칭찬을 받고, 포상을 받으면 사기가 올라간다.

(8) 참여의식

교회 구성원들이 사역에 함께 참여할 때 사기가 올라간다.

(9) 보 수

급여 형태처럼 지급되는 물질적 보수나 선물을 받을 때 사기에 지대한 영향을 미친다.

3. 재정관리

1) 재정의 정의

교회의 재정이란 교회가 목적사역을 위해서 하는 헌금을 말한다. 그리고 이것을 관리, 사용하는 것을 재정관리라 한다.

교회의 수입과 지출은 거의 모두 헌금으로 이루어진다. 따라서 교회가 목표달성을 위해 필요한 돈을 어떻게 확보하고 관리, 사용하는가에 따라 교회사역의 성패가 달려있다.

2) 재정 관리

(1) 재원계발 및 수입확보

(2) 예산편성 및 심의, 확정

(3) 예산의 효율적 집행

(4) 명확한 회계기록

(5) 회계감사 등이다.

3) 관리자와 담당자 및 선발

교회의 재정 관리자는 재정부장이고,

재정업무 담당자는 1)재무와 2)회계이다.

교회의 재정업무 담당자는 그 업무의 성격상 다음과 같은 요건을 갖춘 재직 중에서 선발해야 된다.

(1) 믿음과 성령이 충만한 사람(행6:5)

(2) 경리의 지식이 있는 사람

(3) 교인의 의무를 다하여 다른 사람의 모범이 되는 사람

(4) 기도생활을 하는 사람
(5) 교인들과 목사가 신뢰하는 사람
(6) 경제적 여유가 있는 사람
(7) 청지기 교육 또는 재직세미나에서 재정 관리에 관한 교육을 받은 사람
(8) 십일조와 헌금생활을 잘하는 사람

4) 재정관리 실재

예배가 끝나면 지정된 헌금관리자의 책임자는 (1)헌금을 지정된 장소로 옮겨놓고, (2)한 사람이 대표기도를 한 후, (3)헌금을 종류별로 구분하여 혼합되지 않게 각각 분담하고 계수한다. (4)각자가 맡은 헌금을 봉투에서 꺼내어 액수를 확인한 후 봉투에 기록하고, (5)수입용지에 헌금명과 액수를 빠짐없이 기록해 놓고, (6)마지막에 헌금총액과 수입용지에 기록된 총액과 일치 되는가 확인한 후 (7)자신의 성명이나 인장을 날인하고 관리책임자에게 넘긴다.

각자가 맡은 헌금을 다 정리하여 책임자에게 넘긴 재정은 재무(기장회계)가 기록된 수입용지를 모아서 수입결의서(헌금확인서)에 항목별로 기록하고 주 총액과 종류대로 헌금액수를 확인하여 맞으면 헌금과 수입결의서(헌금확인서)를 회계에게 인계한다. 회계는 헌금을 확인한 후에 수입결의서에 날인하여 재정부장의 결재를 받는다.

※ 헌금을 정리 시 주의 할 일

(1) 의심의 소지를 없애기 위해서 헌금정리는 반드시 두 사람 이상이 한다.
(2) 헌금정리를 마칠 때까지 자기 자리를 떠나거나 출입하는 일이 없

도록 해야 한다.

(3) 쓸데없는 잡담은 일체 하지 말아야 한다.

(4) 재정 관리자가 아닌 사람은 헌금 정리하는 데 참여시키지 않는 것이 좋다.

(5) 개척교회는 헌금액수가 적을 뿐 아니라, 항상 수입보다 지출이 많으므로 장부기록 할 필요가 없는 것으로 생각해서는 안 된다. 비록 미비한 액수라도 하나님의 것이요, 공금이므로 철저하게 수입 지출을 기록하여 문서화해야 한다.

5) 헌금영수증(기부금 납입증명서)

우리나라에서도 교회에 헌금한 것에 대해서는 세금감면 혜택을 받는다. 참고로 헌금영수증인 "기부금 납입증명서" 서식을 예시한다.

■ 소득세법 시행규칙 [별지 제45호의2서식] <개정 2017. 3. 10.>

일련번호	

기 부 금 영 수 증

※ 아래의 작성방법을 읽고 작성하여 주시기 바랍니다.

❶ 기부자

성명(법인명)	주민등록번호(사업자등록번호)
주소(소재지)	

❷ 기부금 단체

단 체 명	사업자등록번호(고유번호)
소 재 지	기부금공제대상기부금단체 근거법령

❸ 기부금 모집처(언론기관 등)

단 체 명	사업자등록번호
소 재 지	

❹ 기부내용

유 형	코 드	구분	연월일	내 용			기 부 금 액			
				품명	수량	단가	합계	공제대상 기부금액	공제제외 기부금	
									기부장려금 신청금액	기타

「소득세법」 제34조, 「조세특례제한법」 제75조 · 제76조 · 제88조의4 및 「법인세법」 제24조에 따른 기부금을 위와 같이 기부하였음을 증명하여 주시기 바랍니다.

년 월 일

신청인 (서명 또는 인)

위와 같이 기부금을 기부받았음을 증명합니다.

년 월 일

기부금 수령인 (서명 또는 인)

작성방법

1. ❷ 기부금 단체는 해당 단체를 기부금공제대상 기부금단체로 규정하고 있는 「소득세법」 또는 「법인세법」 등 관련 법령을 적어 기부금영수증을 발행해야 합니다.(예, 「소득세법 시행령」 제80조제1항제5호, 「법인세법 시행규칙」 제18조제1항)
2. ❸ 기부금 모집처(언론기관 등)는 방송사, 신문사, 통신회사 등 기부금을 대신 접수하여 기부금 단체에 전달하는 기관을 말하며, 기부금단체에 직접 기부한 경우에는 적지 않습니다.
3. ❹ 기부내용의 유형 및 코드는 다음 구분에 따라 적습니다. 이 경우 "법정", "지정", "종교단체" 유형에 해당하는 기부금 중 「조세특례제한법」 제75조에 따라 기부장려금단체에 기부장려금으로 신청한 기부금도 "법정", "지정", "종교단체" 유형으로 분류합니다.

기부금 구분	유형	코드
「소득세법」 제34조제2항, 「법인세법」 제24조제2항에 따른 기부금	법정	10
「조세특례제한법」 제76조에 따른 기부금	정치자금	20
「소득세법」 제34조제1항(종교단체 기부금 제외), 「법인세법」 제24조제1항에 따른 기부금	지정	40
「소득세법」 제34조제1항에 따른 기부금 중 종교단체기부금	종교단체	41
「조세특례제한법」 제88조의4에 따른 기부금	우리사주	42
필요경비(손금) 및 세액공제 대상에 해당되지 않는 기부금	공제제외 기타	50

4. ❹ 기부내용의 구분란에는 "금전기부"의 경우에는 "금전", "현물기부"의 경우에는 "현물"로 적고, 내용란은 현물기부의 경우에만 적습니다.

210mm×297mm[백상지 80g/m²(재활용품)]

4. 사무관리

1) 사무의 정의

(1) 레핑웰(W.H.Leffingwell)은 『사무는 경영 내부의 각종 활동의 통제 및 협력을 위한 경영의 일부』라 하였고, 힉스(C.B.Hick)는 『정보의 처리가 사무의 역할』이라 했다.

최근에 사무란 "사무는 행정활동에 필요한 정보를 만드는 작업이다"고 한다. 즉, 모든 행정활동을 하려면 의사결정이 필수적인데 이 의사결정을 과학적으로 하기 위해서는 정보가 필요하며, 정보를 효과적으로 생산하고 처리하는 일이 곧 사무의 역할이라는 뜻이다.

사무	정보	의사결정	행정

(2) 사무는 기능적인 면에서 조직체 안에서 정보(information를 수집, 작성, 전달, 저장, 활용하는 제반 행위이다. 그러므로 사무는 모든 조직체(단체)에 존재한다.

2) 사무계획

사무계획은 사무관리를 위해 전체의 지침이 되는 기본계획이 필요하다.

3) 사무통제

사무통제는 매일의 사무를 계획적으로 진행하기 위해 필요한 조치이다.

4) 관리자

교회의 사무 관리자는 모든 감독자(각 부서장과 각 위원장)이다. 그러나 사무관리 전문부서를 둔 경우에는 그 부서의 장이 사무 관리자이다. 교회에서는 사무실의 사무장과 총무팀장이 사무 관리의 책임을 맡게 된다.

사무 관리자가 해야 할 일들은 다음과 같다.

① 사무 관리에 대한 전문지식을 구비하여야 한다.(교회행정학 공부를 해야 한다.)

② 사무실의 배치와 사무용 기기의 활용 상태를 분석하고, 일정기준을 세우고 통제해야 한다.

③ 각종 기구도표를 작성해야 하며, 직무분석을 통한 직무 기술서를 마련하여 유지, 활용해야한다.

④ 사무직원들을 선발, 배치하고 교육훈련을 실시하여야 한다.

⑤ 사무실의 조명, 환기, 소음, 냉.온 등에 관하여 적절성을 유지하도록 노력해야 한다.

⑥ 비품 및 설비의 수리, 보수를 담당하는 부서와 협의하에 사무실의 물리적 환경이 항상 잘 유지되도록 노력해야 한다.

⑦ 사무 관리와 관련되는 최근의 정보를 입수하여 항상 비교, 분석하는 습관을 길러야 한다.

5) 문서관리사무

문서란 기록으로서 행정에 관계된 사실이나 아이디어(정보)를 전달하는 매체를 말한다. 베버(Marx Weber)에 의하면 문서의 적절한 관리가 필요한 이유는 문서의 자연증가를 통제하고, 문서의 이동, 발견을 신속하게 하고, 보관을 안전하게 하며 문서에 따르는 경비를 절약하기 위하여 문서관리를 한다.

(1) 문서관리의 사무

① 직인의 관수, 날인
② 문서의 접수와 발송
③ 문서의 회부처리
④ 기안문서의 작성과 정서
⑤ 일선기관과의 연락
⑥ 문서의 보존과 폐기

(2) 사무개선

① 사무개선 계획을 세울 때는 자신의 체질을 반드시 고려해야 실패하지 않는다. 왜냐하면 아침체직과 저녁체질이 다르기 때문이다.
② 우선순위를 정한다. 사무개선은 한 번만 하면 끝나는 것이 아니라, 계속해서 꾸준히 시행해야 되므로, 비용 고려해서 사무개선의 우선순위와 그 범위를 정해야 한다.
③ 서류작성을 가급적으로 줄여야 한다. 비용과 시간 면에서 볼 때, 가장 손쉬운 사무개선 방법은 서류의 종류와 작성을 줄이는 것이다. 말로 대신할 수 있거나 불필요한 서류는 과감하게 줄인다. 그리고 모든 서류에는 그 소멸 날짜를 써 넣는다.
④ 보고의 종류와 횟수를 줄인다. 정기보고의 종류와 횟수를 줄여야 한다. 이를 위해서 필요하면 제도를 바꾸거나 보고 통제제도를 시

행해야한다.

⑤ 가급적으로 서식을 사용한다. 꼭 필요한 경우가 아니면 일반서신(공문)을 사용하지 않고, 잘 꾸며진"서식"을 미리 만들어 두었다가 필요한 사항만 기입해서 사용한다.

⑥ 문서와 자료의 분류, 보관 방법을 개선한다. 축적된 문서와 정보자료는 목적에 맞추어서 시스템화한다.

⑦ 사무처리 절차를 간소화한다. 사무 처리의 흐름(flow sheet)을 만들어서 비효율적인 곳을 발견하면 과감하게 간소화한다.

(3) 사무실의 조직

① 소형 교회

사무원	유급 여직원
1-2명	

② 중간 교회

	사무장		교역자 또는 부교역자
총무팀 (사무, 관리, 교구사무) 사무원, 사찰, 운전원, 전도사		기획팀 (기획, 조사, 홍보사무)	

③ 대형 교회

	사무장		
총무팀 (서무, 관리, 운송)	교구팀 (속회, 구역)	기획팀 (기획, 조사)	홍보팀 (주보, 정보, 출판)

제5장

감사와 통제

1. 감사(監査)

1) 감사의 종류

감사에는 직무감사와 회계감사가 있다.

2) 감사의 목적

회계감사란 교회활동의 재정과 수입, 지출의결에 관한 사실을 확인, 검증하고 그 결과를 보고하기 위해 교회재정에 관련된 회계장부와 모든 활동전반에 대해서 장부를 검증함으로서, 오류와 탈류를 방지하고, 교회회계에 대한 교인들의 신뢰를 두텁게 하며 , 교회의 여러 사역 목표를 달성하는 것을 목적으로 한다.

3) 감사의 자격

감사의 자격은 회계와 감사에 대한 경험이 있는 전문적인 지식을 구비해야 한다. 교회라는 특수성을 고려할 때, 교회 내부에서 경리에 밝은 사람을 찾아서 활용하는 것이 좋다. 감사인의 자격 요견은

① 해당 교회의 교인으로서, 교인 의무와 책임을 열심히 감당한 사람

② 회계에 대한 지식과 경험이 있고, 교회비전과 목표를 잘 이해하는 사람

③ 교회회계에 이해관계나 교회예산의 집행 책임이 있는 사람, 혹은 교회 사무를 담당하는 사람은 제외한다.

④ 세밀한 조사의 수고를 싫어하지 않고, 공평, 정직하며, 책임감이 강하고 자주적인 판단을 내리고 솔직한 의견을 표명할 수 있는 사람 등이다.

4) 감사의 방법

감사는 먼저 감사계획을 수립하여 감사일을 통보하고, 각종 구비서류와 은행 거래기록 및 통장잔액 등을 준비하게 하여 감사하고, 현금, 예금, 유동 및 부동자산등을 살핀 후, 감사 보고서를 작성해서 당회, 구역회, 공동의회에 보고한다.

5) 감사보고서의 예

감사보고서

당회
　　귀중
공동의회

우리는 ○○교회의 감사일　　년　월　일 장소 일시에 금년도 회계 예산 및 지출 수지결산서를 감사하였습니다.
감사를 실시함에 있어 우리는 교회 감사기준을 준수하여 별첨 재무제표를 회계기준에 따라 본 교회의 감사를 실시한바 다음과 같습니다.

감사의견

수입 총액 :　　　　　　지출 및 잔액 :

현재의 재무상태와 각종 장부처리 및 회계연도의 수지 예산 집행과 지출이 적정하게 처리되었음을 보고 드립니다.

년　　월　　일

감사　　　(인)
감사　　　(인)

2. 행정통제

1) 행정통제의 정의

행정통제란, 디목(M,E,Dimock)에 의하면 행정활동이 본래의 목적, 계획대로 이루어지고 있는지를 확인하고 필요한 시정 조치를 하는 것을 말한다.

행정통제에는 외부통제와 내부통제가 있는데, 외부통제는 집행부에 대한 외부기관의 통제를 의미하고, 내부통제는 집행부가 스스로 자기 자신을 자율적으로 통제하는 것을 말한다.

2) 내부통제 (자율적 통제)

내부통제는 집행부 자체가 스스로 통제를 행하는 것을 말하는데,

① 기준의 설정

② 성과의 측정과 평가

③ 시정(수정) 등 3단계로 이루어진다.

3) 교회활동의 통제

① 활동기간

② 계획

③ 조직

④ 참가인원

⑤ 활동내용(방법, 운영)

⑥ 비용

⑦ 효과(목적성취 여부

⑧ 능률성, 우수성, 유익성, 필요성 등에 대한 평가를 말한다.

제6장

교회진단과 치유

1. 교회 진단과 치유

진단이란 교회활동의 평가를 통해 교회의 전반적인 사역의 성장평가(진단)에 대해서 관찰하고 분석하여 문제점을 발견하고 해결책을 제시하는 일 년의 과정을 말한다. 명성훈『당신의 교회를 진단하라』에서

교회성장을 저해하는 현상(질병)들이 발견되면 아래와 같이 치유해야 한다.

1) 지역사회 공동화 현상

교회가 위치해 있는 지역사회의 인구가 감소하는 경우인데 농어촌에서 많이 일어나는 현상으로 도시 외곽지대의 개발로 인하여 주민들의 계속적 이주현상으로 이런 지역에 위치한 교회는 성장할 수 없다. 그 지역사회의 재개발계획이 없으면 교회도 인구에 따라 이주하는 것이 좋다.

2) 교회의 고령화 현상(Old Age)

교회의 젊은이 수가 감소하고 노인들만 남게 되어 교인들의 평균연령이 50세 이상이 되면 교회성장은 둔화되기 쉽다. 장기적인 안목으로 젊은 층에 대한 프로그램 개발과 전도에 주력하고, 순회목회 등의 특별한 방법을 강구해야 한다.

3) 조직의 경직 현상

비현실적 조직이나 비능률적 조직은 항상 침체상태에 빠지게 되는데 이것을 조직의 동맥경화증이라고 한다. 이런 경우에는 현실상황에

알맞은 능률적인 조직으로 개편하고 인사이동을 하여 사기함양으로 개선해야 한다.

4) 열정감퇴 현상 (St.Jonh's Syndrom)

계시록의 라오디게아 교회의 상태를 말하는데 일명 '성요한 증후군'으로 불리기도 한다. 이 증세는 성장기인 1세대가 끝나고 정체기인 2세대에 나타나기 쉬운 증상이다. 믿음의 형식은 있으나 믿음의 능력이 없는 경우, 교회가 첫사랑의 역동성을 망각한 경우가 이에 해당된다. 이 증세에 대해서는 영적인 뜨거움을 회복시키는 것 외에 해결책이 없다. 영성회복을 위한 각종 기도회와 부흥회 등 프로그램을 통해 살아계신 하나님을 체험하게 하는 것이 가장 필요하다.

5) 친교 과잉 현상(Koinonitis)

교인들이 불신자에 대한 전도나 새로 나온 사람에 대해서는 관심이 없고, 기존 교인들끼리 만 모이고, 과도한 친교를 할 때에 일어나는 것인데,이것은 교인들이 특정 지방인들이거나, 일가친척, 특별한 유대관계가 있는 작은 교회에서 일어나기 쉬운 병폐이다. 이 증상은 새 신자보다는 기존신자 위주의 목회, 전도보다는 양육 위주의 목회를 할 때 나타나기 쉽다. 이 질병에 걸리게 되면 새 신자의 정착이 어려워지고 교회성장을 방해하게 된다. 물론 교회는 친교가 중요하지만 거룩한 교제가 아닌 잘못되고 지나친 친교는 교회성장을 방해하게 된다. 따라서 목회자는 각 조직들이 개방적이고 수용적이 되도록 가르치고 훈련할 필요가 있다. 교회의 프로그램을 전도 프로그램 중심으로 개편하여 소그룹들로 하여금 경쟁적으로 전도에 힘쓰도록 유도해야 한다.

6) 교회시설 협소현상(Sociological Strangulation)

주로 급성장하는 교회에서 나타나는 교회 문제로 시설 및 주차 공간의 부족증세이다. 이런 경우에는 될 수 있는 대로 빨리 교인들이 헌금하여 시설을 확충해야 한다. 시골교회는 좌석의 60%가, 도시교회는 좌석의 80%가 차게 되면 새로운 공간을 확보해야 한다. 건축이 곤란한 경우에는 건물을 임대하는 것도 좋은 방법이다.

7) 인간관계 상실현상

교회 상호간이나 목회자와 교인 간에 상호 오해가 있거나, 기타 사정으로 인간관계가 악화되어 갈등과 반목이 생긴 경우인데, 이것이 장기화 되면 교회 성장에 치명적 영향을 주게 된다. 이런 사태는 되도록 조기에 수습해야 하는데, 교회 전체가 금식하고 기도하여 하나님의 뜻을 구하되 목회자가 먼저 희생하여 교회와 성도를 보호하는 결단을 하는 것이 최상의 길이다.

8) 영적 발전제한 현상 (Arrested Spiritual Develoment)

교회가 성도들의 영적 욕구를 충족시켜 주지 못해서 영적으로 영양실조에 걸려있는 상태를 의미한다. 목회자와 성도들은 그 필요를 채우는 목회를 위해 작정하고 금식하고 기도하며, 부흥성회 등을 통해 성령충만을 받는 것이 치료이다.

참 고 문 헌

국내 서적

김갑수, 『최신사무관리론』, 서울: 형설출판사, 1993.

김경섭, 『교회인사행정론』, 서울: 프리셉트, 1994.

김규정, 『행정학원론』, 서울: 법주사, 1994.

김기제, 『21C 리더쉽을 계발하라』, 서울: 도서출판 횃불, 1998.

김득룡, 『현대 교회행정학 신강』, 서울: 총신대학출판부, 1988.

김병원, 『목회학』, 서울: 개혁주의, 1985.

김봉식, 『기획론』, 서울: 박영사, 1975.

김상복, 『목회자의 리더쉽』, 서울: 엠마오, 1987.

김연택, 『21C 건강한 교회』, 서울: 제자 출판사, 1997.

김영종, 『현대교회행정학』, 서울: 무림서원, 1991.

김요한, 『존 웨슬리와 성령』, 서울: 샬롬출판사, 1997.

김장대, 『교회행정학』, 서울: 솔로몬, 1995.

김점옥, 『평신도 사역자를 키우라』, 서울: 기독신문사, 1998.

김정기, 『교회행정신론』, 서울: 성광문화사, 1992.

명성훈, 『300명 돌파와 이론』, 서울: 국민일보사, 1998.

____, 『교회 개척의 원리와 전략』, 서울: 국민일보사, 1997.

박 건,『현장에서 본 새들백교회』. 서울: 생명말씀사, 1998.
박경완,『교회행정』, 서울: 일정사, 1992.
박완신,『교회생정론』, 서울: 기독교문사, 1991.
손병호,『목회경영학 원론』, 서울: 그리인, 1991.
신성종,『이런 교회가 성장한다』, 서울: 도서출판 한나, 1994.
신주범,『행정학개론』, 서울: 박영사, 1993.
안신영,『통상회의법』, 서울: 대한기독교서회, 1993.
양창삼,『현대경영 관리론』, 서울: 대영사, 1987.
옥한흠,『평신도를 깨운다』, 서울: 두란노, 1998.
우희영,『목회지도자학』, 서울: 심언, 1993.
이성희,『교회 행정학』, 서울: 한국장로교출판사, 1994.
원동기,『핵심교회 행정학』, 서울: 설우사, 1999.
정수영,『신인사관리론』, 서울: 박영사, 1995.
조동진,『현대교회행정학』, 서울: 도서출판 별, 1993.
조석준,『사무관리』, 서울: 한국방송출판사, 1994.
지원용,『루터와 종교개혁』, 서울: 컨콜디아사, 1980.
최건호,『크리스찬 청지기』, 서울: 홍익기획, 1995.
홍형국,『교회회계 기준해설』, 서울: 기독교문사, 1990.

국외 서적

A. Lindgren.『교회개발론』. 박근원 역.
서울: 대한기독서회, 1989년
Anderson, Leith.『A Church for the 21st Century』. 황성철 역.

서울: 솔로몬 출판사, 1997.

Baran, George.『Leaders on Leadership』. 최기운 역.
서울: 베다니, 1999.

.『The Power of Vision』. 곽춘희 역.
서울: 죠이선교회, 1997.

.『Turning Vision into Action』. 조범식 역.
서울: 서로사랑, 1997.

Bill, Hybels. Willow『Creek Community Church』. 김성웅 역.
서울 : 두란노, 1997.

.『Rediscovering Church』. 김성웅 역. 서울: 두란노, 1997.

Gerald, coates.『The Vision』. 박가영 역.
서울: Heavenly Ladder Publisher, 1998.

Goerge, Carl F.,『리더쉽과 교회성장』, 송용조 역,
서울 : 성경학교출판부, 1990.

Kallestad, Waleher P.『Wake up your Dreams』. 함택 역.
서울: 두란노, 1999.

Lindgren, Alvin J.,『교회개발론』, 박근원 역,
서울 : 대한기독교출판사, 1989.

Maxwell, John C.『Developing The Leader Within You』. 강준민 역.
서울: 두란노, 1997

Marshall, Tom,『지도력이란 무엇인가?』, 이상미 역,
서울 : 예수전도단, 1993.

Reyben Archer Torrey,『평범함속의 권능』, 장택수역,
서울 : 예수전도단, 2013.

Swindoll, Charles R. 『Hand Me Another Brick』. 김영봉 역.
서울: 생명의 말씀사, 1988
Towns, Elmer. 『The 8 Laws of Leadership』. 최예자, 황석호 역.
서울: 프리셉트, 1998
Wagner, C. Peter, 『교회성장을 위한 지도력』, 김선도 역,
서울 : 생명의 말씀사, 1984.
Wagner, C. Peter, 『교회성장원리』, 권달천 역, 서울: 생명의 말씀사,
1990.
Walker, Willistin. 『A History of the Churistian Church』. 강근환외 3
인 역.
서울: 대한기독교서회, 1976.
Warren, Rick. 『The Purpose Driven Church』. 김현희, 박경범 역.
서울: 디모데, 1992.
Westing, Harold J. 『Create and Celebrate your Church's
Uniqueness』. 오진탁 역.
서울: 디모데, 1996.
Williams, Colin W. 『존 웨슬리의 신학과 생애』. 존 웨슬리 총서 4권.
이계준,손흥국 역. 서울: 한국교육도서 출판사, 1976.
Wood Bridge, John. 『인물로 본 기독교회사』. Vol. I, II. 박용규 역.
서울: 도서출판 횃불, 1993.
野呂芳男. 『존 웨슬리의 생애와 사상』. 김덕순 역.
서울: 기독교대한감리회 교육국, 1993.

저자소개

천무엽 박사

협성대학교 및 동 신학대학원 졸
한국디지탈대학(사회복지전공) 졸
합신 및 총신대학대학원(목회 및 선교) 졸
미국 Dubuque University 목회학 박사
Trinity Global University 명예신학박사
기독교대한감리회 인천동지방 감리사
기독교대한감리회 중부연회 자격 및 과정심사위원
기독교대한감리회 사회복지재단 이사 및 시설협의회회장
(사)한국기독교사회복지협의회 이사
1980년 신생감리교회 개척 40여년 담임 목회
현 신생사회복지재단 운영이사장
Trinity Global University 교수(이사장)
아프리카 대륙선교회(이사 및 객원교수)
협성대학교 연구교수, 객원교수
인천성서신학원 교수
주요논문 『현대교회와 노인목회』,
『현대교회의 비전과 그 중요성에 대한 연구』
저서 『목회비전과 교회행정』

현대 목회자를 위한
목회 비전과 교회행정

지은이 / 천무엽
펴낸이 / 김윤환
펴낸곳 / 열린출판사
1판 1쇄 펴낸 날 / 2021년 10월 5일
등록번호 / 제2-1802호

등록일자 / 1994년 8월 3일
주소 / 경기도 시흥시 하중로 203 (3층)

ISBN 978-89-87548-15-9 03230
값 13,000원